世界の経営幹部はなぜ日本に感化されるのか

伝統文化の叡智に学ぶビジネスの未来

IMD北東アジア代表
高津尚志 Naoshi Takatsu

JAPAN'S WISDOM INSPIRES GLOBAL LEADERS

日本経済新聞出版

目次

世界の経営幹部は
なぜ日本に
感化されるのか

目次

世界の経営幹部は
なぜ日本に
感化されるのか

第2講 生け花に学ぶチームのマネジメント——81
真の協力を生み出し、イノベーションを出現させるには

第3講　合気道に学ぶ自他共栄のマネジメント——競合やパートナーと共に、市場や社会に貢献するには　121

第4講

日本酒に学ぶ社会・環境との持続的共生——
質を求め、自然と向き合い、場を豊かにするには

文中敬称略。肩書きなどは2025年3月時点のものです。

プロローグ

トップビジネススクールが、いま日本からなにを学ぼうとしているのか？

禅、生け花、合気道、日本酒――。

これらの文化は、そもそも日本で生み出されて、あるいは日本に伝えられて日本に根付き、長い年月をかけて日本で洗練されていったものである。

さて、これらは、一部の限られた人々の趣味や嗜《たしな》みとしてのみ、受け継がれていくべきものだろうか。

あるいは、日本を訪れる多くの旅行客を魅了し、ひと時の驚きや感動をもたらす、観光資源として愛《め》でられればよいものだろうか。

そうではない、と私は考える。

これらは、難しいこの時代を生きる世界中の私たちに、代替的な在《あ》り方・生き方・歩み方を示してくれる、豊かな智慧《ちえ》の源泉だ。

それは個人の在り方・生き方から始まり、チームや組織の導き方、ライバルとの対峙の仕方、苦難との向き合い方、社会や環境との共存の進め方に至るまで、実に多様で豊富で、応用可能な教訓を与えてくれるものだ。

これらの教訓は、少なくともこの数十年、この世界、特に経営や経済の領域で私たちの多くが学び、支えにしてきたものとはどこか違っているところもあり、だからこそ、私たちにオルタナティブ（代替性）を提供しうるものとなる。

西洋社会に疲れや行き詰まりが感じられ、ビジネスやマネジメントに有効とされていたツールや考え方が通用しなくなった、という声をよく聞く。マクロに見れば、私たちは、1つの会社や1つの国に閉じた形では解決できない、さまざまな問題に直面している。G7、G20からCOP29などの国際連携、あるいは国際機関も、解の創出と合意に苦しんでいる。そもそも国際的な枠組みそのものが地殻変動的激変に直面している。

ミクロに見ていくと、私たちの日常は加速的なシステム化の渦中にある。さまざまなクラウド型システムやマネジメントアプリと向き合わないと仕事にならない。しかし、これらが本来生み出すはずの便益を得るには、システム活用の習熟と日常的な更新、そしてさまざまなセキュリティやコンプライアンスの仕組みとの格闘を強いられる。

イスラエルの歴史家、ユヴァル・ノア・ハラリは、『サピエンス全史』（河出書房新社）で、農業が人間を家畜化した、と記した。私たちはいま、本来、効率化を通じて私たちを解放するはずだったＩＴシステムの家畜に成り下がりつつある。映画「マトリックス」の悪夢のようだ。

その中で、私たちのウェルビーイング（well-being）が、蝕まれていく。

私たちは、なかんずく企業を含む組織の経営に携わるリーダーは、外部環境がいかに変化しても、冷静さを保ち、価値のある判断をし、行動を重ね、家族、仲間、同僚やステークホルダーとともにできることに取り組み、希望を生み出す責務を背負っている。

しかし、そのための適切な道具を、私たちは持てているのか。自問する必要がある。

「人生を変える智慧」を実践で体得する

この本の目的は、「難しいこの時代を生きる世界中の私たちに、代替的な在り方・生き方・歩み方を示してくれるもの」としての、日本の文化に潜む思想や方法を明らかにし、より実践に近づけることにある。そのための大事な取り組みを行う機会を得た。

2023年5月のこと。世界各国、30名の経営幹部が東京に集った。
スイスのビジネススクールIMDによるエグゼクティブMBA（EMBA）プログラム。その一環となるグローバル・イマージョン・ジャパン（Global Immersion Japan＝GIJ）――。

参加者は後日、GIJに関し、それぞれのSNS（ソーシャルネットワーキングサービス）で、以下のような感想を記してくれた。

日本でのG－Jの経験は、日本の文化、経済、ビジネス慣行に対する深い洞察のきっかけとなり、私のプロフェッショナルとして、また個人としての成長に消えない影響を残した。

（スイス国籍、起業家〈スイス勤務〉）

アニメ、マンガ、ラーメン、寿司といった表面的な文化を飛び越え、おもてなし、生け花、座禅、玉心、徳、匠の技といったユニークなコンセプトを発見する機会となった。この旅の全体が、私たちが最高の自分になれるよう、そして周囲の人たちと価値を共に創出することができるよう、注意深く設計されていた。私自身の重要な学びは、価値ある変革をつくり出すには、啐啄《そったく》同時、つまり内からの力と外からの力の両方が必要ということだ。

（英国籍、国際機関の最高財務責任者〈ベルギー勤務〉）

多くの参加者が、「人生を変える経験」となったと語ったり、記したりしてくれた。日本での経験のあと、生け花を学び始めた人もいる。彼らが得たインスピレーション

（感化）やインサイト（洞察）こそが、日本の文化に蓄えられた代替的な思想や方法が、「難しいこの時代を生きる世界中の私たちに、代替的な在り方・生き方・歩み方を示してくれるものである」可能性を物語っている。


彼らは、それらの教訓を単なる座学や読書で完結する（したがって、「わかった気にはなる」が「本当に血肉化されない」ことが多い）形ではなく、実際に座る、生ける、組む、飲む、きく、といった身体性を伴う行為を通じてまさに「体感する」ことができた。

また、自分の中に生まれるさまざまな問いを、いまを生きる禅僧や師範、匠《たくみ》など熟達者と対話することを通じて「省察する」こともできた。

だから、繰り返しの練習や習慣化ができれば、「体得する」ことができるだろう。

そうすれば、これは、という場面において、「活用する」こともできるだろう。


この手ごたえを、さらにより多くの方々に伝えたいと思い、本書を記すこととした。

世界競争力ランキングの最前線から

私は現在、スイスに本拠を置くＩＭＤビジネススクールと日本の経済社会をつなぐ立場で、東京をベースに働いている。ＩＭＤは、世界中の経営幹部の育成で特に優れた評価を受けている。

「現状に疑義を呈し、ありうる形・なりうる姿を感化することを通じて、私たちは、より豊かで、持続可能で、包摂的な世界に貢献するリーダーと組織を育む（Challenging what is and inspiring what could be, we develop leaders and organizations that contribute to a more prosperous, sustainable, and inclusive world. の筆者訳）」というのが、ＩＭＤの目的だ。

したがって、私の仕事の中心は、グローバルな経営幹部や幹部候補が、学び、つながり、意識や行動の変容を促すことのできるような機会を設計したり、提供したりすることにある。その仕事は幸いなことに旅と出会いに満ちている。ＩＭＤの本拠地スイス、キャンパスのあるシンガポール、その他欧州やアジア大洋州諸国に頻繁に出かけ、各地の経営幹部と対話する機会も多い。海外の同僚を日本に迎えることも多くある。

私自身がＩＭＤが主催する経営幹部研修に参加し、欧州、米州やアジア大洋州諸国、また中東やアフリカなど世界中から集う参加者たちと共に学び、語り合う機会にも恵まれている。だから、グローバルな企業やそのリーダーたちの達成や挑戦、葛藤について、一定のリアリティを持って観察・考察する立場にある。

ところで、読者の中には「世界競争力ランキング」を通じてＩＭＤを知っている、という人もいるだろう。このランキングの目的は「企業が持続的な価値を生み出す環境を、その国（地域）がどれくらい提供できているか」を測定することにある。企業幹部にとって、これは国際展開戦略構築のための貴重な示唆を提供するものだ。また、各国政府のリーダーにとっても、国富や国民のウェルビーイングの維持増進のための政策の方向性を見出す道標となる。

このランキングの測定と発表を開始した１９８９年から数年間、日本は1位だった。しかし、最新の２０２４年版では、調査対象の67カ国・地域の中で38位まで低落している（17ページ図1、2参照）。

日本は雇用、科学インフラ、健康と環境などの分野では世界でトップ10に入る実力を維持している。一方、政府の効率性、ビジネスの効率性の順位は、極めて低い。

図1　IMD 世界競争力センターの主要ランキング 3 種

60 以上の国(地域)を同じ指標で毎年、横比較

世界競争力ランキング (2024) World Competitiveness Ranking	世界デジタル競争力ランキング (2024) World Digital Competitiveness Ranking	世界人材ランキング (2024) World Talent Ranking
• 企業が持続的な価値創造を行う環境を、どの程度育めているか	• 行政の慣行、ビジネスモデル、社会全般の変革につながる形で、どの程度デジタル技術の活用や展開ができているか	• そこで活動する企業に必要な人材を、どの程度育成し、惹きつけ、維持できているか
1. シンガポール 2. スイス 3. デンマーク 4. アイルランド 5. 香港…	1. シンガポール 2. スイス 3. デンマーク 4. 米国 5. スウェーデン…	1. スイス 2. シンガポール 3. ルクセンブルク 4. スウェーデン 5. デンマーク…
38. …日本	31. …日本	43. …日本

出所：IMD World Competitiveness Center (2024) 訳出は筆者

図2　世界競争力ランキングにおける日本の順位の推移 (1997-2024)

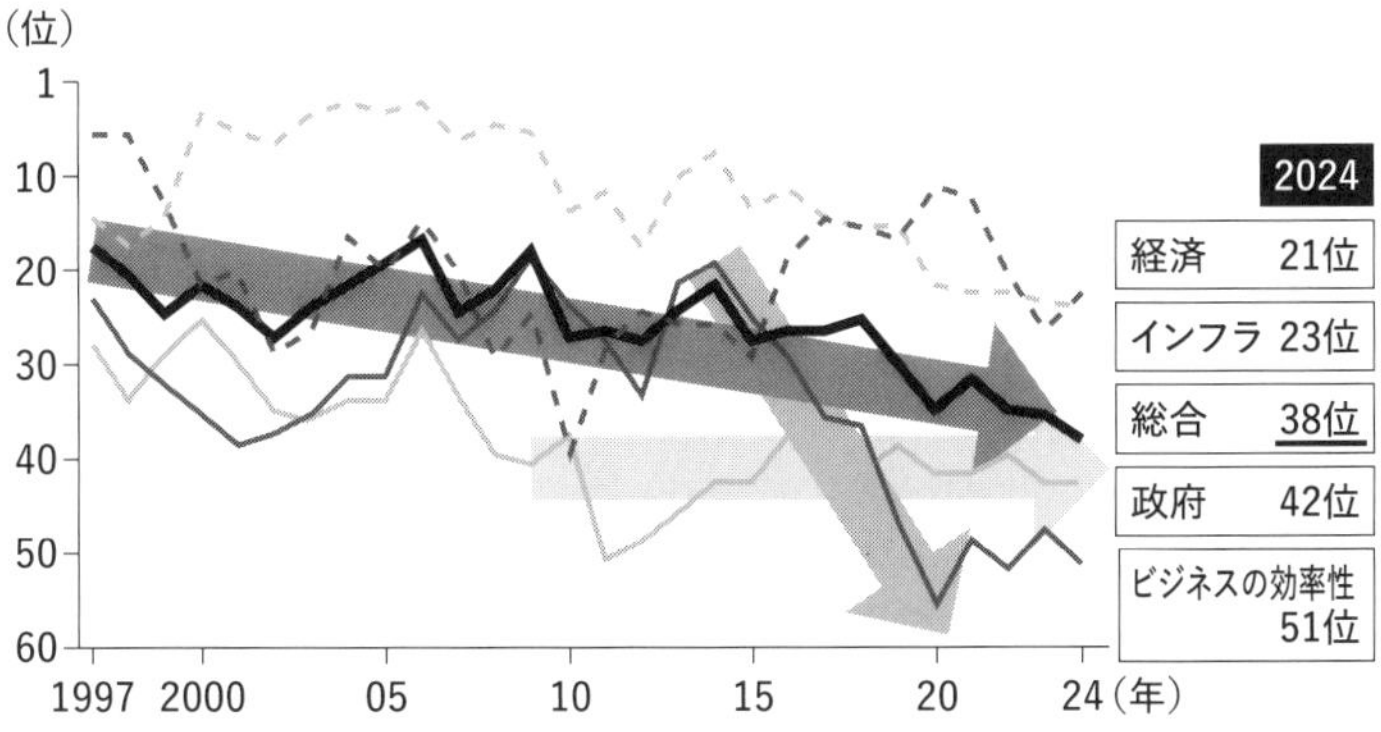

出所：IMD World Competitiveness Center (2024) 訳出と補助線は筆者

世界競争力ランキングは200を超える指標から構成されている。そのうち約3分の2は、国連や世界銀行、国際的調査機関などがまとめるハードデータ（統計的・数値的データ）に依拠する。一方、適切なハードデータの存在しない、またはより定性的な項目については、その国で働く経営幹部（CXOやミドルマネジャー）が答えるサーベイデータで補っている。回答者の多くが国際経験を持ち、諸外国との比較の中で自国の評価をする見識を有する。日本に関するデータの整理では長年、三菱総合研究所の支援をいただいている。

日本の場合、このサーベイデータの数値が、生産性、経営慣行、姿勢や価値観など、とりわけビジネスの効率性を構成する指標において著しく低い。日本の回答者の国籍はさまざまだが、大半が国際経験を持つ日本人である。私は、ここに日本のリーダーの過剰な危機感や悲観主義、あるいは自信喪失を感じている。リーダーが健全な楽観性を失うと、組織は負のスパイラルに嵌《はま》りやすい。「自分たちは弱い」と考えることが、「さらに自分たちを弱くする」という予言の自己成就に陥っている可能性がある。もったいないことだ。

人間は、自分を正しく認識することが不得手で、過度の悲観や楽観に陥りやすい。私たちには、常に他者の目が必要なのだ。日本のリーダーが、自分たちに関する代替的なナラティブ（物語）を発見する機会を提供することも、この本を記す私の望みである。

世界のビジネススクールが、日本に学ぶ

ビジネススクールといえば、MBA（経営学修士号）取得プログラムを連想する読者が多いだろう。これは、キャリアの加速や転換を目指す20代後半から30代前半を対象にした、1年あるいは2年間のプログラムであり、通常、若き参加者たちはいったん休職か退職をして、通学できるところに居住し、勉学に専念する。

これに対し、エグゼクティブMBAプログラム（以下EMBA）とは、経験豊富で、さらなる成長と貢献の時間を十分に持つ経営幹部らが、日々の重責を担いながら学び、修了の暁《あかつき》には経営学修士号を得られるプログラムであり、近年、世界各国のビジネススクールが力を入れている。

IMDのEMBAには、一層の飛躍を目指す世界各国の企業幹部、起業家や投資家が参加している。参加者の中心層は40代だ。プログラムは、「自分を知る、ビジネスを知る、世界を知る」ことを主眼としていて、この3つに軸を通すことを通じて、IMDがその目的に掲げる「世界に貢献するリーダー」を育もうとするものとなっている。

参加者は、1年半から2年の間に、数週間のスイスでの集合研修でビジネスをさまざまな観点から学んだり、継続的なコーチングを通じた自己認識の醸成と意識・行動変容に取り組んだり、バーチャル学習で学びと実践の往復を重ねたりしていく。IMDのEMBAのハイライトの1つが、学位取得までに3回の参加が義務付けられる「グローバル・イマージョン」（以下GI）である。

GIとは、これからの世界を考えるうえで鍵を握る地域を1週間ずつ訪ね、見聞を広め、考察を深めるものだ。これまでシリコンバレー、イスラエル、中国、エストニア、ケニア、シンガポールなどさまざまな地が選ばれてきた。すべてを保留せざるを得なかった新型コロナウイルスによるパンデミックがようやく過去のものとなった2023年、EMBAのディレクター、ヴァニーナ・ファーバー（Vanina Farber）IMD教授は、GIの行き先に東京を加えた。

それが本書で紹介するグローバル・イマージョン・ジャパン（GIJ）である。

2023年5月の東京での初めてのGIJは、パイロット版との位置付けで、世界各国から30名の参加者を得て行われた。この成功を礎とし、翌年5月には正式にEMBAのカリキュラムとしての（つまりその学びは成績評価の対象となる）GIJを開催した。前述の通り、日本は四半世紀にわたり世界競争力ランキングで順位を落としてきたし、「失われた30年」という認識は国内外に根強かった。しかし、一方で、地政学的変化、株価や経済指標の回復、そして観光地としての人気などから、日本への関心は再び高まっていた。

世界水準のEMBAプログラムの中で、これからの世界を担う各国の経営幹部は、日本で、あるいは日本から何を学ぶべきなのか。一條和生IMD教授は、失われた30年からようやく脱しようとしている日本から学べるのは、「レジリエンス（resilience＝苦難を乗り越えて再び立ち上がるための力）」であろうとファーバー教授に提案した。

両教授は、企業のレジリエンス（corporate resilience）に焦点を当てつつ、人口減少と高齢化などの日本社会のマクロな課題やサステナビリティへの取り組みを紹介したり、大企業とのプロジェクトワークや日本の経営者との対話を行ったりすることを通じて、より包括的な省察を促すGIJの在り方を話し合った。学位取得の一課程としてのGIJの設計・運営・成績評価の責任は、教員である両教授が負う。日本の文化を学ぶセッションも有効だろうと考えた両教授は、その部分の設計と提供の機会を私に委ねた。これで、全体の統括を一條教授が行い、本書で焦点を当てる日本文化セッションを主に私が担当する形ができた。

私はそれまでに、自分が理事を務める東京の大学院大学至善館で、さまざまな国籍のMBA生に日本の伝統文化を体験する機会を提供し、そこから学びを得てもらうセッションを企画・運営していた。そこでの人との縁と経験も活かせる。

私は日本文化セッションが、「難しいこの時代を生きる世界中の私たちに、代替的な在り方・生き方・歩み方を示してくれる、豊かな智慧の源泉」としての日本を参加者たちに体感してもらう一助になるようなものにしたい、と考えた。GIJのテーマ、コーポレート・レジリエンスとつながるような形で、そして、「リフレクティブ・リーダーシップ(reflective leadership＝内省・省察するリーダーシップ)」「フューチャー・レディネス(future readiness＝未来への準備)」といった、いまIMDの教育全体で重視しているテーマとも関連するような形でそれができれば、素晴らしいことだろう。

日本文化セッションがその役割を果たせれば、GIJが参加者にとって「現状に疑義を呈し、ありうる形・なりうる姿を感化する」ための触媒として機能することにも貢献できるはずだ。結果的に彼らは、「自分を知り、ビジネスを知り、世界を知る」ための大きなきっかけを得ることになるだろう。

実はIMDだけが日本に焦点を当てたプログラムを提供しているわけではない。米ハーバード・ビジネス・スクールは、MBAの学生たちが東北を訪れ、震災後の地域の復興から学ぶ日本トリップを継続的に実施しているし、2024年には教授陣のトリップを日本で開催したという。また、UCバークレーのハース・ビジネススクールも教授陣の研修を日本で実施するなど、日本への注目は劇的に高まっている。

また、日本を代表するビジネススクールの1つ、一橋ICS（一橋大学大学院 経営管理研究科 国際企業戦略専攻）でも、ICSやIMDを含む世界各国の有力ビジネススクール三十数校のネットワークであるGNAM（Global Network for Advanced Management）においても、日本トリップは極めて高い人気を持つという。最近でもGNAM参加校であるシンガポール国立大学や米イェール大学のビジネススクールのEMBA参加者、またGNAM加盟校以外でも独ベルリンのデザインスクールの学生や欧州のラグジュアリーブランド企業などの幹部の日本トリップの受け入れを行っているという。

また、IMDでも、日本トリップへの需要は、EMBAのGIに限ったものではない。2024年12月には、インドネシアの国有企業庁（BUMN）とIMDの共同プログラムを通じて、同国の国有企業十数社の経営幹部数十名に対するプログラムの提供を東京と鎌倉で行うなど、世界各国の企業や経済団体からの引き合いは途絶える兆しがない。

いわゆる日本的経営とは異なる新たな価値への期待

私はバブル時代に東京の大学を卒業し、国際ビジネスの世界に入った。だから、1980年代の後半から90年代にかけて、日本の家電、カメラ、パソコン、自動車やオートバイなどの工業製品が世界を席巻した様子を鮮明に覚えている。当時の欧米先進国にとって、日本は驚異的な経済成長を遂げ、卓越した創造性と品質、価格競争力を伴う製品で自国市場を支配し自国企業を破滅に陥れうる「脅威」であった。その強さを可能にする「日本的経営」とはなにかという問いの探究が進み、たとえば、「企業別労働組合」「年功序列」「終身雇用」といった経営慣行がそれを支えているとの分析がまことしやかに共有された。

その後、日本の経営者が「日本的経営」を維持するという呪縛に苦しみ、ハードウエアからソフトウエアへの価値の源泉の移行、インターネットへの対応、輸出依存とは異なる形のグローバル化といった世界経済の変化に対応しきれず、「失われた30年」と呼ばれる低迷を経験することになったのは、皮肉な事実である（ただ、これを「低迷」と呼ぶことに疑義を呈するさまざまな見解を、本書では提供していきたい）。

いま、日本の電化製品やパソコンを海外で目にすることは減った。自動車は、北米・アジア・中東・アフリカなどで依然高い人気を維持しているが、それでも近年、中国製EVなどの脅威にさらされている。もちろん、これを日本経済の劣化や企業競争力の低下の表れと解釈し、嘆き悲しむことは簡単だ。

しかし、潮目は明らかに変わってきている。

「生活文化」、つまり、在り方や生き方に関する思想と方法の全体に関して言えば、諸外国の日本への関心は著しく高くなっている。日本の存在感はとても大きい。生活文化に関して言えば、日本は「脅威」ではなく、世界の「インスピレーション（感化）の源」なのだ。

チューリッヒ、パリ、シドニー、シンガポール。私が最近訪ねた世界のどんな都市に出かけても、寿司（あるいはそれに似たなにか）は街中で簡単に手に入る。米、魚、野菜を組み合わせた手軽な食事として、いわばファストフードのように利用されている。

かつてであれば魚を生で食べることに抵抗を示していただろう普通の市民が、日常の食事として楽しんでいる。ハンバーガーやピザ、ホットドッグなどに対する、より健康的で持続可能なオルタナティブだと捉えれば、その人気は理解できる。もちろん、東京に住み、江戸前鮨に親しんでいる私は、海苔が米の外側ではなく内側に巻かれていたり、アボカドが使われていたりということには違和感を抱くのだが、それはイタリア人が東京で明太子スパゲティを見た時の感覚とさしてかわらないだろう。

世界に広がるというのはそういうことだ。

片付け術を教える近藤麻理恵の世界的な成功については、知る人も多いことだろう。

私が2023年末に立ち寄ったパリの大きな書店でも、その著書『Kurashi - La joie est un art de vivre（暮らし：喜びは生きる術）』が、花を生ける彼女の写真を湛《たた》えた表紙を立てた形で、「生活哲学」のコーナーでひときわ目立つように展示されていた。この片付け術は、海外では禅の思想とのつながりを特に強調した形で紹介され、人気を博している。

生活文化を入り口とする形にとどまらず、日本の思想や方法の深層に迫り、そこから学び、自らに取り入れようという動きも顕著だ。ビジネススクールやその参加者の例は先述したが、そのほかにも、私が近年このテーマで個人的に交流した海外の人々の中には、米国や欧州のシンクタンクの代表、起業家、クリエイティブ・リーダーやリーダーシップ・

コーチなどが多く含まれている。

かのスティーブ・ジョブズが日本の禅に強い関心を持ち、アップル製品のデザインはもちろんのこと、彼自身の生き方にもその思想を取り入れたことはよく知られている。米国の西海岸では以前から鈴木大拙《だいせつ》の流れを汲《く》む禅への関心が強かったが、オルタナティブな思想や価値観を求める土壌はより豊かになり、かつ、その地域に限られたものではなくなってきている。ジョブズはひと握りの例外ではない、というのが私の実感である。

移行に直面する私たちの世界

日本の文化が世界にとってのインスピレーションの源であるとしたら、私たちはどんな世界に生きているのだろうか。前提としてそのことを考えてみよう。

パンデミックの2年間を経て、２０２２年の初夏から私は再び世界各地へ出かけるようになった。その時に、世界が「変化（changes）」の時代から「移行（transition）」の時代にシフトしたことに気づいた。もちろんこの間、外部環境は激変していたのだが、単にその変化に対応しなければ、という水準ではない。人・組織・社会の根本的な意識変容や行動変革を伴う移行の時代に入ったのだ、と。

背景には、さまざまな要素、たとえばグローバル化の変質、生成ＡＩを含めた新技術の台頭、持続可能性の危機、地政学リスクの顕在化と、それらの要素の収斂《しゅうれん》（convergence）が挙げられるだろう。しかもこの移行は、１つの、あるいは一方向のものというより、さまざまな動きが錯綜し、せめぎ合い、矛盾を孕む、という性質のものだ。

こうした移行は、私たちの実存的な不安をかき立てる。不安は孤立を生み、孤立はさらに不安を助長する。この移行については追って触れたいし、２０２５年１月の米国の新政権の発足はさらにそれを激化・加速させているように見える。しかし、まずは、いまを生きることに不安を覚えるのはあなただけでも、あなたの組織や国だけでもない、ということを理解してほしい。移行期には、代替的な在り方・生き方・歩み方が必要だ。そして、日本の文化に蓄積された思想や方法の中に、その代替的ななにかを生み出すためのヒントがありうることを記しておきたい。

東京で１週間を過ごしたＧＩＪの参加者たちは、こちらの予想をはるかに超えて、日本での経験からの強い感化を語ってくれた。２０２４年版に参加した、欧州企業の人事責任者（CHRO）を務める南米出身の女性は特に雄弁だったが、彼女の感想は一同を代表している。

「日本は、期待された加速度的な経済成長を遂げてこなかったかもしれない。一方、今回東京を訪れてみて、この国と社会が安定と規律を維持してきたことに感銘を受けた。失われた30年とは、未来への準備（フューチャー・レディネス）のための時間だったのかもしれない」

彼女はさらに続ける。

「私たちが訪ねた日本の大企業も、長い歴史を持つ日本の文化や伝統に確かに根差していた。そして、各社が自分たちの核を大切にしながら、時代に対応し、変化するためになにをしてきたのかを興味深く学んだ。日本企業が、日本人としての誇りや文化をとても大切にしていることを知ったことも実に興味深かった。日本企業のパートナーシップは日本特有の形態で、長期的な関係性を通じて外のものを取り入れるコラボレーションでもある。いま、日本企業は国内外で多くのM&Aや事業提携を行っており、成長や実験への意欲も旺盛で、未来への準備ができていると感じた」

レジリエンス――ウェルビーイング、サステナビリティの手本としての日本文化

先に、「コーポレート・レジリエンス」という中心テーマ、さらに「リフレクティブ・リーダーシップ」「フューチャー・レディネス」といったコンセプトについて言及した。それらについて、もう少し触れておきたい。この3つは企業経営の文脈だけでなく、人生のさまざまな局面においてそれぞれ不可欠で、不可分につながっているからであり、それがこの本の主題でもあるからだ。

レジリエンスとは、苦難を乗り越えて再び立ち上がるための力を指す。そのためには、苦難そのもの、ひいてはそれを生み出した背景や構造まで、深くリフレクション（内省・省察）することが有効だ。そして、フューチャー・レディネスとは、リフレクションを通じて、自らが維持・増進すべきことと、やめたり始めたりすることを見極め、具体的に行動に着手することで初めて成り立つ。これは企業や組織でも、個人でも同じだ。

だが、これは瞬時に起こる現象でも、得られる能力でもない。しばしば長い時間やさまざまな試行錯誤を必要とする。そして、自分との深い対話や、解像度の高い自己認識を前

提とする。よき他者の存在は、その対話や認識の質を飛躍的に高める。

ＩＭＤではよく「学びの旅路（ラーニング・ジャーニー）」という言葉を使う。これは実に当を得た表現だ。旅路とは空間を移すことであり、時間を重ねることであり、出会いや対話を伴うものである。ＥＭＢＡが1年半から2年の長期にわたること、3つのＧＩを必修としていること、そして多様性に満ちた他者との交流をプログラムに組み込んでいることは、まさに「学びの旅路」の忠実な具現化だと言えよう。

ＩＭＤでリーダーシップを教えるスーザン・ゴールズワージー（Susan Goldsworthy）教授は、「金継ぎ」（割れたり欠けたりした陶器を漆で補修し、補修した部分を金で装飾する日本の伝統的手法）にレジリエンスのメタファーを見出すと言う。彼女は講義の中で、私たちは誰もが人生の中で挫折や不遇、試練を経験するものであり、私たちはそうした欠点があっても、いや、むしろ欠点があるからこそ、より美しく人間的なのだと語る。

同じく、ロバート・フーイバーグ（Robert Hooijberg）教授（専門は組織行動）は、シニアエグゼクティブ向けプログラムの中で、「ＩＫＩＧＡＩ（生きがい）」という近年、世界的に知られるようになったフレームワークを引用した。あなたが「愛すること」「得意なこと」「対価を得られること」、そして世界が「求めていること」の4つの円の重なったところに「生きがい」というスイートスポットがあり、それを見出そうとするものだ。受講した私にとっても極めて有益だった。私は「働きがい」という言葉のほうがこのスイートスポットにより相応しいように感じるが、日本人の働き方が「過労死」という言葉としばしば紐づけられていたのが遠い過去でなかったことを鑑みると、日本発の概念が世界の人々にポジティブな省察を促している現実には感慨を覚える。

一方で日本が、世界一の速度での少子高齢化と人口減少に直面していることはよく知られている。その日本にあって、世界一の長寿村として知られる沖縄県の大宜味村《おおぎみそん》の人々の暮らしぶりが、世界的な関心を集めている。これは、「人生１００年時代」がとりわけ先進国を中心とした世界の人々にとっての新たな前提となり、そのうえで心身共にどう健やかに生きるのか、という探索が切実になっていることによるのだろう。

また、日本は長寿企業の多さでも知られている。創業１００年以上を経過した企業は、世界に約７万４０００社あるというが、その約半数、約３万７１００社が日本にある。こと２００年以上となると世界の約２２００社の３分の２弱を占める約１４００社が日本にある、という。栄枯盛衰を繰り返す変化の激しい世界にあって、このことが強い関心を惹くのもよく理解できる。

移行する世界と孤立する個——日本にオルタナティブを求める人々

欧州出身で、中国の大都市で中国事業の統括責任者を務める男性は、こう語った。

「東京は大都市なのだが、人々から強い落ち着きと調和を感じる。中国の大都市はエキサイティングだが疲れる。東京に来るとなぜかほっとする。多忙な生活の中で、私が取り戻すべきなにかの手がかりが東京にはある。この調和の感覚を取り戻すために、どうすれば私は、自分の時間、空間を見つけることができるのだろうかと考えさせられる」

GIJの参加者の多くから、立ち止まって考えることの意義、内省・省察の必要性を強く感じたという言葉が寄せられた。ヴァニーナ・ファーバー教授もそのひとりだったし、私も同様に感じた。これは、いまの世界を生きる私たちすべてにとっての課題なのだ。

海外からの客人たちが、日本を通じて自己を発見・認識していくプロセスに伴走したり参画したりしていると、彼らと対峙する日本人もまた新たな気づきを得る。不安に駆り立てられ、孤立し、視野が狭まりがちな日常の中で、国や文化や人種を超えた人々との交流と対話は、互いのまなざしを通じてそれぞれが自分自身、自分の国や組織を見つめ直すという機会と、他者の目を鏡として自分を映し直していく「間《ま》」を提供してくれるものだ。

参加者のひとりは、「日本で1週間を過ごして、改めて私の国の文化と私自身をもっと見つめ直したいと思った」と素直に打ち明けてくれた。

各地への旅を「学びの旅路」に組み込むことは、異質なものとの対峙を通じて、自分を知り、ビジネスを知り、世界を知るプロセスだ。私のGIJでの役割は、参加する世界の経営幹部たちに、特に文化的側面から日本でのその学びの扉を開くことにあったと思う。

本書で伝えたいこと

本書はGIJの日本文化セッションに焦点を当てる。あなたは、あたかもGIJの参加者になったように、そこで提供された一連の文化講義を感じ、知り、そこから学ぶことができる。もちろん、もともと体験的・双方向的な各90分ないし2時間のセッションとして設計し提供したものを、文字情報だけで再現することは難しい。ただ、少なくとも、これらが、なぜ、誰によって、どのように提供され、そこでどのような実践、対話や省察が行われ、参加者は何を探究し発見することになったのかなどについて、読むことで一定の追体験ができるよう工夫した。

それぞれのセッションは、私の呼びかけに快く応じてくれた、バイリンガルな一流の講師陣（松山大耕《だいこう》、山崎繭加《まゆか》、須貝圭絵《よしえ》、セバスチャン・ルモアンヌ、エバレット・ケネディ・ブラウン）の知見・経験・洞察によるところが極めて大きい。ただ、本書にまとめていくうえでは、読みやすさの観点から、各章で私自身が話者として彼らの言葉を代弁していく形をとった。読みながら、時に彼らが、時に私が（講師陣という巨人の肩に乗って）投げかけるさまざまな問いに対する、あなたなりの答えをぜひ探してみてほしい。

本書の構成にあたっては、GIJでの流れを踏襲しつつ、「ミクロからマクロへ」という動きをより強化することとした。また、23年版と24年版両方の経験を、適宜統合した。

まず、京都の禅僧・松山大耕による「禅」のセッションから始める。焦点は、「個人」だ。いまを生きるひとりの人間として、どのように心の安寧を保つか、不安と対峙するか。言い換えればウェルビーイングやレジリエンスを育むかというのが探究の中心である。

次に、「チームと組織」に光を当てる。山崎繭加の生け花のセッションでは、「チームで花を生ける」という独特の営みを通じて、なにかを、あるいは、誰かを「生かす」「活かす」ということを掘り下げていく。あなたが、チームのマネジメントに苦労しているとしたら、この章から学べることは多いだろう。イノベーションを生み出すための示唆もある。また、私自身の生け花体験も踏まえて、「いま、ここ」に集中することの実践（マインドフルネス、とも言い換えられる）を検討したい。

「事業と社会」との向き合い方に関しては、合気道の須貝圭絵のセッションが示唆に富む。「道（みち、どう）」は、熟達過程を示す、日本文化の1つの中心概念だが、須貝は、茶や剣、柔《やわら》や弓が道であるように「ビジネスも道である」と説く。競合との争いや思いがけない攻撃にどう対峙するかについて、代替的・補完的な見方・考え方を示してくれるだろう。

日本酒の伝道師でフランス出身のセバスチャン・ルモアンヌのセッションからは、「環境と世界」をどう捉え、それらとどう付き合っていくかを学べるだろう。これまた日本文化の中心概念の1つ、「匠」について知り、個性あふれる杜氏《とうじ》たちの仕事ぶりから、目に見えないものを大事にする、人として最善を尽くしつつも自然の営みに成果を委ねる、預けるといった考え方について、なんらかを感じ取ってほしい。

そして、ここまでの4つの章を振り返り、日本の思想と方法の特性を顕著に表す1つの言葉、「きく」を中心に掘り下げていくエバレット・ケネディ・ブラウンの論考も挿入した。米国出身で長年日本に住み、写真家・アーティスト・著述家として活動しながら日本文化の再発見と再興に取り組んできた彼は、私の共謀者と言っていいだろう。

もともと、先述のように大学院大学至善館での「JAPANプロジェクト」で、同校のMBA課程に集う世界各国の若きリーダーたちを対象の中心に据えて、彼と2人でセッションをこしらえ、ゲストを招き、日本の思想や方法をわかりやすく明らかにすることに取り組んできた。「JAPANプロジェクト」はそのすべてを英語で行い、外国人が大半を占める参加者に語り掛けることで、シンプルで実践的な示唆のある形を希求してきた。

しばしば、文脈を多く共有する同国人だけの議論だと、「わかっているつもりだが本当はわかっていないこと」が議論されなかったり、いたずらに細かく深い探究に陥ったりということが起こりやすいのだが、それとは違う形を目指したのだ。至善館での継続的な実験は、IMDのGIJでの基盤となり、GIJでの手ごたえは、至善館での取り組みのさらなる推進力になった。ケネディ・ブラウンは、GIJに集った世界の経営幹部との対話でも力量を発揮した。

では、一緒に探究の旅を始めよう。

まずは東京・世田谷の禅寺・龍雲寺へ出かけよう。

Elizabeth Jansen

第1講

禅に学ぶ自己のマネジメント

不安と対峙し、ゆるぎない自分を確立するには

次の問いをイメージしながら読み進めてください

- 禅とはどういうものか。どんな歴史を持ち、どう世界に広がったのか
- 禅とマインドフルネスは、どう違うのか
- なぜ人間は不安にかられるのか。それにどう対峙すればいいのか
- ゴール志向はなぜ疲れるのか。そして、揺るぎない自分とは、どういうものか
- なぜ禅は実践を重んじるのか。禅をどう実践すればいいのか

かつての寺院は、いまの大学に近い

東京・世田谷、大澤山龍雲寺《だいたくさんりゅううんじ》は、臨済宗妙心寺派に属する禅寺だ。

第1講の講師、松山大耕は、その臨済宗妙心寺派の総本山であり、日本最大の禅寺である京都・妙心寺、その内にある寺院の1つとなる退蔵院の副住職である。

5月の京都は、外国人観光客と日本全国からの修学旅行生でごった返していて、宿の確保も交通手段の確保も、よほど前もって予定しておかないとままならない。したがって、松山を訪ねて総勢35名（GIJの参加者とIMDのファカルティやスタッフ）で京都に移動するよりは、彼を京都から東京に招くのがよいだろう、ということになった。

新幹線などで約2時間の旅である。松山が、それならば、と東京でのセッションの場に選んだのが、同じ宗派の流れを汲む世田谷の龍雲寺だった（2年目となる2024年のGIJでは東京・南麻布の曹渓寺《そうけいじ》の協力を得て行った）。

ところで、京都の妙心寺は広い敷地の中に、本堂などはもちろんのこと、退蔵院を含むいくつもの寺を抱える巨大なコンプレックスである。禅ユニバーシティとでも言おうか、現代の総合大学のキャンパスを想像してもらうといいだろう。建物はほぼすべて木造の寺院建築であるが。

仏教は、かつて、心を解明する最新最先端のサイエンスであったし（いま、再びそうなのかもしれない）、寺院はそれに伴う文献、建築・彫刻や絵画などをインドや中国を含む海外から取り込み、学び、消化し、教え、体現する場であった。それはすなわち僧侶たちが現代でいえば優秀な学生であり、学者であり、教育者であったことを意味する。もしあなたが日本の大きな寺院を訪ねることがあったら、それをかつての大学と捉えて観察してみることをお勧めする。

退蔵院は1404年（応永11年）に千本通松原（現在の京都市中京区）のあたりに創建し、のちに妙心寺（同右京区）内に移築された。方丈の西側にある狩野元信《かのうもとのぶ》の作庭と伝わる枯山水庭園は、国の名勝史跡に指定されている。日本の初期水墨画の代表作である「瓢鮎図《ひょうねんず》」をはじめ、国宝に指定されているものもある。1965年（昭和40年）には中根金作によって「余香苑《よこうえん》」と呼ばれる池泉《ちせん》回遊式庭園が造られた。

退蔵院は京都の中でも重要な寺院の1つであり、私は何度か出かけ、松山と対話をしたり、その建築や庭を楽しんだりする機会に恵まれている。春夏秋冬、季節ごとの美しさがある。もし、京都を訪ねる機会があったら、ぜひ足を運んでほしいと思う。

さて、再び話を東京に戻そう。

GIJの一行は、都心のホテルから、貸し切りバスで龍雲寺を訪ねた。寺の門前で私たちを迎えてくれたのは、作務衣姿の龍雲寺住職・細川晋輔と、法衣姿の松山であった。2人とも坊主頭だが、顔立ちとその醸し出す空気は異なる。細川は禅の教えについて多くの著作を持つ禅僧であり、目元の力強さ（大きな瞳と太い眉）が印象的だが、話をしてみるととても柔和だ。

1978年生まれの松山は細川より1歳年上で、縁のない眼鏡をかけた様子は学者のようでもある。実際、東京大学大学院で農学生命科学の研究を修めたのだから、そう見えるのも自然かもしれない。この2人の間に地理的距離を超えた信頼関係があることは明らかだ。ただ、外国人に英語で禅を教える、となれば松山の独壇場ということなのか、細川はあくまで脇役として、今回は龍雲寺を場として提供してくれたという構図だ。

一行は本堂の大きな畳の間へと案内された。そして、なにはともあれ、ということで、坐禅を組むという実践から始めることとなる。ただ、ここではまず、禅とはなにかについて、その歴史の解説からスタートしよう。

インドからアジア、日本、そして欧米へ

禅は、仏教（あるいは仏道）の一部である。約2500年前、インドにゴータマ・シッダールタという裕福な王子がいた。苦しみにあえぐ人々の存在を知った彼は、彼らに心を寄せ、人生の苦しみ、特に、生・老・病・死といった何人《なんぴと》も避けることのできない出来事に伴う苦しみをどうしたら和らげることができるか、という問いを自らに立てた。それはいわば人間心理に関する科学的探究であり、そのプロセスで彼が学んだこと、体得したこと、そして弟子たちに共有したことが原始仏教の礎となっている。禅は、それから500年後、つまり2000年前に、これまたインドで生まれたという。

さらに500年後、禅はインドから中国に渡った（いまからおよそ1500年前だ）。日本でのちに達磨《だるま》大師として知られることになる菩提多羅《ぼだいたら》がそれを担った。中国では禅は

唐の時代に栄え、そしてさらに500年を経て約1000年前に中国から日本に伝えられた。インドで生まれ、中国で育ち、日本に伝わった、というわけだ。

しかし、21世紀のインドや中国には、禅はもはや本来の状態では存在しないという。禅は、ベトナムや韓国、日本で生き永らえて、これらの国々から再び世界に広がっている。

西洋社会が禅との接点を持つ大きな契機を作ったのが、仏教学者・哲学者の鈴木大拙である。第二次世界大戦前、彼は英国や米国に渡り、英語で仏教について講演したり、執筆したりした。鈴木大拙の著書は、著名な哲学者のアラン・ワッツや詩人のゲイリー・スナイダーのような多くの西洋の知識人に影響を与えた。彼らもまた、20世紀の後半に西洋で禅が広まるうえで、非常に重要な役割を果たしたと言えるだろう。

さらに、鈴木大拙はドイツの哲学者オイゲン・ヘリゲルの著書、『弓と禅』に序文を寄せている。ヘリゲルは1920年代に東北大学で教鞭を執っており、この時に弓道を体験し、それが禅の思想に触れるきっかけとなった。ヘリゲルの弓道の師は、全身全霊で射る中で無心を体験することに弓道の奥義があると考えていた。ヘリゲルもその師から弓道を学ぶ中で、言葉遣いが変わり、精神集中を強め、技を深め、ついに無心の射を経験することとなる。その過程を整理して西洋の世界と共有したいと考えたヘリゲルが語り、記した内容が『弓と禅』としてまとめられており、欧米では、弓道の書というより、禅のなんたるかを記した書籍としてよく読まれているという。

同書には彼の西洋的価値観が日本の思想・哲学と交差する時に生まれる驚きと気づきが素直に綴られている。松山の言葉によれば、アーチェリーの目標は的を射ることにあるが、弓道では的に当てること自体には意味がない。むしろ、心の状態を極限まで高めることに重きを置く。新訳『弓と禅』（角川ソフィア文庫）を借りるなら、大切なのは正しく呼吸すること、内的な発展を先取りするのではなく、物事をいわばその自然な重力に任せる忍耐を体得すること、無心であることを学ぶことなのだ。ヘリゲルの師は彼に、弓道はスポーツではないと伝え、腕の力ではなく「精神的に」弓を引くことを学ばねばならない、的のことも中《あ》たりのこともなにも考えてはいけない、と言っている。完全に無我であることがうまくできるようになれば、射はおのずからうまくいくのだ、と。

なんという違いだろう。

1960年代になると、米国西海岸のサンフランシスコ湾岸地域《ベイエリア》で禅が広まり始めた。これにはヒッピー文化が影響している。当時の若者たちがつくり出したヒッピー文化は戦争ではなく平和を希求するもので、当時の米国のメインストリームの文化や社会規範、道徳観、生活様式に対抗するカウンターカルチャーであった。この影響を受けた若者たちは、キリスト教的価値観とは異なる東洋の文化や思想に関心を寄せた。それらがより平和なものに感じられたのだろう。禅や瞑想はそのような彼らのニーズに合致するものだったのだ。

こうした流れを受け、仏教の僧侶、鈴木俊隆《しゅんりゅう》がサンフランシスコに最初の禅センターを設立するために招かれたのは1962年のことである。俊隆老師は非常に人気のある禅僧で、『禅マインド　ビギナーズ・マインド』（PHP研究所）という世界で親しまれる本を執筆した。この本は多くのビジネスリーダー、特にシリコンバレーの影響力のある人に影響を与えたという。

坐禅を組む――正しい姿勢と正しい呼吸を学ぶ

龍雲寺の本堂に、GIJ一行35人が入った。

玄関で靴を脱ぎ、畳張りの広間に案内された。座布団が用意されている。正座や胡坐《あぐら》が苦にならないのであれば、座布団を使えばいい。30名の経営幹部のほとんどが座布団を選んだ。数名が座椅子を使うことを選んだ。これは高さ15センチくらいで、正座や胡坐をする際にそこにお尻を乗せることでかなり膝への負担が和らぐ。また、いわゆる椅子に座ったものもいる。松山は、どれでも構わないと強調した。

胡坐と記したが、もっとも正しい座り方を「結跏趺坐《けっかふざ》」という。右の足を左の腿《もも》の上に乗せ、次に左の足を右の腿の上に乗せる。誰もができる姿勢ではない。一方、「半跏趺坐《はんかふざ》」とは、片方の足を反対の腿の上に乗せるというところでとどめる座り方だ。これすら慣れない人（椅子での生活に慣れた現代の日本人の大半を含む）にとってはなかなかの苦行であって、だからこそ松山は座り方そのものについては拘らない。

ただ、できれば靴下だけは脱いだ方がいいと言い、参加者はそれに従った。また、姿勢を保ちやすく、呼吸のしやすい楽な衣類が望ましいと言い、参加者の多くがベルトを緩めたり、シャツの上の方のボタンを1つ2つ外したりといった準備を行った。

次に、「法界定印《ほっかいじょういん》」という手の組み方を教わった。

右手を左の腿の上に置き、その上に左の手を乗せる。そして両手の親指を自然に合わせる。肩が自然にリラックスしてくる。一方、腰はしっかり立て、背筋を伸ばす。そして、顎《あご》を引き、頭が腰、背骨、肩の3点をつなぐ直線の延長線上に位置するようにする。

前後左右に上半身を動かしてみて、一番落ち着くポジションを探してみる。私たちの頭はとても重たい。現代の生活ではパソコンやスマホなどを使う中でどうしても首から前傾になり、頭が背骨よりも前に出てしまうことが多い。頭を正しい位置に据えるということすら、最初は難しいと思うかもしれない。とはいえ、一度その位置を掴むと、かえって体は楽になるというのが私の実感だ。

口と目をどうするか。

松山は、口を軽く閉じて、舌先を上顎につけるように、と指導する。目は、半分空いていて半分閉まっているような状態にし、視線はおよそ1メートル前方に落とせという。目を見開いた状態では視覚的な刺激に翻弄されるだろうし、閉じた状態では眠りに落ちるだろう。

最後に、呼吸の仕方を教わった。お臍《へそ》のすぐ下の丹田《たんでん》といわれるところに意識を向ける。まず静かに長く息を吐く。息を吐く時は、心の中で1、2、3と10まで数えてみる。ゆっくり息を吐けば、吸うことは自然に任せる。これを繰り返す。「数息観《すそくかん》」という方法だ。

正しい姿勢と、正しい呼吸。これが大事だと松山は強調した。

たとえ1日5分であっても、正しい姿勢と正しい呼吸を心がける時間をつくる。あるいはオンライン会議の合間にそういう機会をつくる。

ちなみに、「息」という文字は興味深い。漢字には表意文字（イデオグラム）と象形文字（ピクトグラム）があるが、いまの「息」という文字は「自」と「心」という2つの象形文字を起源とする表意文字の組み合わせなのだ。息には「自分の心」を取り戻す、心の落ち着きを確保する効果があることを、文字そのものが表しているようだ。

人は、緊張したり、怒ったり、不安を感じたりすると呼吸が乱れる。一般に、呼吸は浅く速くなる。深く静かに、ゆっくりと息をすることは、安定した心を保つ、取り戻す、不安を取り除くためにとても有効なのだ。

「正しい姿勢と正しい呼吸ができれば、正しい心を持つ支えになる」と、松山は言った。

落ち着いた心と落ち着いた対話

全員が坐禅を組み、静けさの中でおよそ10分を過ごしたところで、松山が小さな鐘を鳴らした。

終えてよいという合図である。ゆっくりと目を見開き、姿勢をほどいた参加者の間には、なんとも静かな落ち着いた空気が生まれていた。常日頃は、豊富な知識と高速回転する頭脳を駆使し、丁々発止の議論を戦わせることでプロフェッショナルとしてのキャリアを勝ち抜いている世界各国の経営幹部が、いま違う境地にいることは明らかだった。

ここから、松山による講話とそれに続く質疑応答（むしろ「問答」という言葉を使いたい）が始まろうとしているのだが、まるで心の静けさや落ち着きが消えるのを惜しむように、対話はゆっくりとしたペースで始まった。普段の仕事の文脈でなら、我先にと発言を競い合ったり、相手の話が終わる前に自分の考えをかぶせたりといったことも多いであろう参加者たちは、互いの様子を静かに観察しながら（本堂の左右に対面する形で座ったので、全員の顔がよく見える)、時と言葉を選びながら話を始めた。なにより禅師の話を聞きたいという空気が共有されていた。

そもそも、禅とは何なのか——。松山の話はそこから始まった。

禅とは単純さを表すということ

松山はスクリーンに1つの漢字を映し出した。「禅《ぜん》」という文字である。「禅」の字の「へん」は「示す」という動詞を、「つくり」は「単《たん》」という名詞をそれぞれ表している。つまり、「単純さを示す」ことが「禅」であるということになる。シンプルであること、そしてそれを表現することが禅なのだという。

実際、その禅の精神はまさに目に見える形で示されている。タイやミャンマーのような東南アジアの国々では、寺院や仏像は金色で煌びやかな装飾が施されている。一方で日本の禅寺は最小限の色と最小限の装飾や構造で成り立っていることが多い。

シンプルさは禅寺の庭園にも通貫している。水を用いず、砂、岩、苔などで山水を表現する「枯山水」という様式が用いられることも多い。禅寺全体が、心をシンプルに保つ場、あるいはそれを学ぶ場として設計されている。

坐禅について松山は、以下のような説明も加えた。

坐禅の「坐」は、動じないことを示唆する。近くにそわそわと動きまわりぺちゃくちゃとしゃべりまくる人がいたとしても、間近に隕石が落ちてきたとしても、外部環境に対して動じないことだ、という。そして禅は、自分の感情の揺らぎを制御することだとも。外に対しても内に対しても、揺るがない状態を実現すること。坐禅ではこの境地を目指しているのだ。

ゴール志向の光と影

もちろんこれが、「言うは易く、行うは難し」であることは間違いない。

実際、GIJの参加者からはいくつかの質問が挙がった。当然のことだ。

彼らは経営幹部として、あるいはその候補として変化の激しい外部環境と対峙している。

また、しばしば多くの部下やさまざまなステークホルダーとの関係性の管理を委ねられている。パートナーや家族との関係が喜びや安寧をもたらすこともあれば、時に葛藤や苦難の源となることもあるだろう。外に対しても内に対しても揺るがないというのはあくまで理想であって、現実はそうはいかないというのが、彼らの日常的な本音なのだ。

松山はここで、彼自身が米国訪問で感じたことを話した。彼は西海岸・カリフォルニア州のシリコンバレーの中核をなすスタンフォード大学で客員講師を務めていて、しばしばその地に出かけるのだが、現地での講演とそのあとの質疑応答、そしてそこでの探索や対話といった経験とそこからの洞察を共有してくれた。

「ゴール・オリエンテッド」――。

つまり、明確な目標を決めてそれに向かって突き進むという生き方についてだ。目標を決める、そしていかにそこに早く到達するか。それを幼い頃からずっと続けている人たちは多い。もちろん、これはなにもサンフランシスコやシリコンバレーに限ったことではないが、松山は特にそれをその地で感じた、ということだ。

ゴール・オリエンテッドの歩み方（あるいは、走り方）は、エキサイティングなものだ。そして、ゴールに到達するごとに何らかの報酬を得る。それは、企業社会でいえばボーナスや昇進であったりするだろうし、学生にとってはより著名な学校への進学であったり、世間的に評価の高い学位の取得であったり、スポーツ選手にとっては勝利や記録、メダルであったりするだろう。そうした報酬は喜びをもたらす。しかし多くの場合、その喜びは長続きしない。結果として、新たな目標を決めて、そこに到達するために新たに走り始める。まるでハードル選手のように。

ものごとには必ず表と裏、光と影（陽と陰）があり、この2つは不可分だ。「エキサイティングな経験」という光のその影には「不安」がある。他者との比較というパラダイムの中で生きる限り、この不安はつきまとう。あなたよりも高額のボーナスを得る人がいる。誰かがあなたのポジションを奪ったり追い越したりすることもある。著名な学校よりもさらに評価の高い学校は存在するし、記録はいずれ破られる。エキサイティングな経験、外的な評価を追い求める限り、あなたの人生は興奮と不安のジェットコースターになる。

「別にこういうライフスタイルが悪い、と言いたいわけではないです。人生のあるステージでは、そのような経験も必要かもしれません」、と松山は言った。そしてさらにこう続けた。

「ただ、1つ言えるのは、こういうライフスタイルはとても疲れるということです」

実際に、彼が米国西海岸で出会ったいくつもの企業（大手もスタートアップも）の関係者からは、「社員の心の問題が最大の課題だ」と聞かされたのだという。米国でも若い世代はアルコールを飲まなくなっているが、一方で合法・非合法を問わずドラッグに依存する人々や向精神薬に頼る人々は少なくないという。シリコンバレーの書店には禅やマインドフルネスに関する書籍が並び、そのこと自体が課題の深刻さを示していると感じたとも語ってくれた。

私自身はたまたまこの10年ほど、米国を訪ねる機会を持たなかった。けれども急成長する米国テック企業の東京オフィスを訪ねる機会はあった。従業員や幹部、そして来客が交流できる大きな空間があり、素敵な設えのソファでゆったりとおいしいコーヒーを飲んだり、景色のよい窓際でひとり、あるいは数人で仕事ができたりする。

印象に残っているのは、その洒落た空間の本棚だった。並んでいた書籍の多くがマインドフルネスやリラクゼーションに関するものだった。別のフロアには瞑想のための部屋が用意されていた。このことは何を物語っているのだろうか。東京の拠点が担うのは開発ではなく営業だ。セールスパーソンの成績は可視化されていて、成績に応じて昇進や昇給、ボーナスなどの報酬が提供される。極めてゴール・オリエンテッドな組織文化が生み出す不安や焦燥を、数冊の書籍と瞑想室で支えようとしているとしたら、かなり無理のある話とは言えないだろうか。

揺るぎない自分をつくる

松山は、京都大学の前総長で、特にゴリラの研究で名高い人類学者、山極壽一《やまぎわじゅいち》との対談から引用しつつ「不安」について語ってくれた。ありとあらゆる生物の中で、唯一人間だけが「自分がいずれ死ぬ」ことを知っているのだという。

だから人は必ず逆算する。あと何年自分は生きられるのか、その期間をどう生きるのか。お金は足りるのか。家族や友人はどうなるのか。そこには必ず不安が生まれる。不安を持つこと自体は、人間として生まれてきたからには避けて通れない。不安がなくなることはない。大切なのは不安を軽減すること、また不安が生み出す悪影響を抑えることにある。その役割を担ってきた1つが宗教である。宗教を持つことが人間の定義だと山極は語ったという。

「比較」もまた不安を増長する。いまの社会ではすべてが比較される。飲食店もホテルも病院も、神社仏閣や大学でさえも、グーグルマップやトリップアドバイザーなどのサイトで星の数で比較され、コメントで評価《レビュー》される。自分がどう思われているか、自分についての他の人がなにを書いているかをエゴサーチしたり、転職サイトに表示される自分のレーティングを気にしたりする人も多い。SNSは誰の人生がより充実しているかを争う競技場と化している。比較は人をあくなき競争と焦燥に駆り立てる。ほかより評価が高かったり、事業規模が大きかったり、「いいね!」の数が多かったりすれば一次的な優越感に浸ることができるだろう。しかし、その人が優越感を持てるかどうかと、その人が幸せかどうかは、別の話なのだと松山は言う。

ユング心理学には、「個性化(individuation)」という概念がある。個性化とはその人が「本来そうなるであろう究極の自分」へと近づいていくことであり、生涯にわたる心の成熟の道のりとされている。「自分はこれだけのものにすぎない」と言えば、「あきらめ」の境地として若干否定的に聞こえるかもしれない。「自分はこれだけのものなのだ」と言えば、「あきらか」になった状態として、より肯定的に聞こえるだろう。

大切なのは、そこに自己認識があり、自己受容があり、そこから自己肯定が生まれるということだ。それは他者からの承認を集めることで得られる自己満足とは違う。日本語の「あきらめる」と「あきらかにする」が、言葉としてつながっていることは興味深い。

松山自身、24歳で仏門に入る時に不安がなかったわけではなかったという。後述するように彼の実家が妙心寺という寺だったとはいえ、なにしろ彼はそれまで社会的に明確に評価される生き方を重ねて来たのだ。東京大学大学院の学生というのは日本社会で極めてわかりやすくポジティブなラベルだ。仏門に入ることで社会から取り残されるのではないか、ついていけなくなるのではないかとも思ったという。では実際、禅の修行で3年半、俗社会から離れ、再び戻った時に彼は何を感じたのか。

「なんともなかった」と彼は振り返る。

その間、同級生は一流の研究機関や大手企業でさまざまな人生経験を重ね、社会の一員として自分よりずっと立派に成長しているのだろうと思っていたが、実際には彼らの多くがさまざまな苦悩を抱えていた。修行中の自分の一見なにもなかった時期の方が、よほど心身共に充足した時間を過ごしていたかもしれない――そう思えたと彼は打ち明ける。

その後、松山はさまざまな経験を通じ、自分にできることを模索してきた。学生時代の海外旅行の経験から、「英語くらいできるようにならないとしょうがない」と悟り、英語を習得した。世界の宗教家と対話する機会を得たり、ダボス会議に出席したり、スタンフォード大学の客員講師になったり、また、今回のIMDのEMBA生や至善館のMBA生なども含む海外の人々に仏教の智慧や禅の実践を教えたり、といった特異な経験を重ねてきた。彼のような禅僧はそうそういない。

「比較対象はないし、比較する必要もない。そのように生きるのはとても楽だ」と彼は語った。「自分とはなにかを明らかにする」ことを「己事究明《こじきゅうめい》」といい、その実践が「禅」なのだとも彼は言う。そして彼は禅を生きている。

マインドフルネスと禅は、どう違うのか

「マインドフルネス」という言葉と概念は世界的に広まっていて、いきおい、GIJの参加者からも「マインドフルネスと禅は、同じものなのか、それともなにか違うところがあるのか」という問いがなされた。松山はこれに丁寧に答えていった。

そもそも、仏教には「八正道《はっしょうどう》」という教えがある。これは仏教徒が守るべき8つの務めを指す。「正見（正しい見解）」「正思惟（正しい決意）」「正語（正しい言葉）」「正業（正しい行い）」「正命（正しい生活）」「正精進（正しい努力）」「正念（正しい心の落ち着き）」、そして「正定（正しい精神統一）」の8つだ。

西洋で語られる「マインドフルネス」とは、主に八正道における「正念（正しい心の落ち着き）」の状態そのもの、あるいはその状態を目指すプロセスを意味する。つまり仏教の教えの「一部をなすもの」と言っていいだろう。さきほど一同で取り組んだ坐禅は「正念」を得るためのものだと捉えれば、両者は同じという見方もできるだろう。

「ただし」と松山は言う。ここには大きく2つの問題がある。

1つは、本来なら、八正道という務めの全体に取り組む必要があるということだ。もう1つは、「マインドフルネス」が西洋でどちらかといえば実利を求めるための技法と捉えられているという点だ。集中力を高める効果がある、生産性が上がってよい仕事や学習が可能になる、だからよりよい成果を生み出せたり、より大きな報酬を得られたりできる。そのためにマインドフルネスに取り組もうという論理だ。

八正道とは

正念（正しい心の落ち着き）
正定（正しい精神統一）
正見（正しい見解）
正思惟（正しい決意）
正語（正しい言葉）
正業（正しい行い）
正命（正しい生活）
正精進（正しい努力）

しかし、本来の禅は、そのようなものではない。

松山はランニングに例えて説明した。体重を減らしたり、より速く走れるようになったり、体をより強くしたりするなど、「実利的な目的のためにランニングをするのは、西洋的な動機だ」と言う。しかし、本来、ランニングなら「単に走るために走るべきなのだ」と彼は語る。もちろん、走ることで体重が減り、速く走れるようになったり体が強くなったりするかもしれない。しかし、それらはあくまで副産物なのであり、目的や目標ではないのだ、と。

禅にも同じことが言える。禅を実践することで集中力が増し、ストレスが減り、心理的にも身体的にもよい影響があることはわかっている。しかし、これらはあくまで副次的な効果にすぎないというのだ。

副次的な効果を目標としてしまうことは、「資本主義を強化するだけだ」と彼は警鐘を鳴らす。それは、前述した「ゴール・オリエンテッド」の大きな体躯の一部の筋肉を鍛えるにすぎないということなのだろう。

「その考え方から一歩、踏み出してほしい。そこには非常に美しい世界が広がっている」と松山は言った。

松山は、禅の真の目的は「自分とはなにかを明らかにする」ことにあるとした。それは、ユングのいう「個性化」が「生涯にわたる心の成熟の道のり」であるのと同様、短期的な目標ではありえない営みであり、その過程自体がこの後の章でも触れることになる「道（みち、どう）」という旅路と重なっていることを、一緒に見つけていきたい。

日々の生活の中で、どう不安に対処するか

とはいえ、八正道のすべてを実践して生きることはたやすいことではない。大きな責任を持ち、日々忙しく働く世界各国の経営幹部は、実生活の中でいったいなにから取り組めばいいのか。

参加者からは、かつて瞑想を試したけれど続かなかったとか、ヨガのレッスンをとっているのだけれど行けないことも多いなど、生々しい告白が続く。

松山が彼らに勧めたのは、「掃除」であった。参加者の多くが驚いた。

「掃除？」

「ええ。掃除です」

いったん、京都の退蔵院に想像を飛ばしてほしい。

「元信の庭」は、室町時代の画聖・狩野元信（1476〜1559）の作品である。彼が画家としてもっとも円熟していた70歳近くの築庭と推測されているというから、16世紀前半、すなわち500年前につくられたということになる。歴史的な価値、絵画的な優美豊艶の趣や独特の風格から日本の名勝史跡庭園に指定されている。前景には石で構成された庭があり、後景にはやぶ椿、松、槇《まき》、もっこく、かなめもちなど、常緑樹を主に植え、1年中変わらない美しさ（不変の美）を求めたという。いわゆる枯山水庭園である。

この庭園を眺められる位置に座り、心を落ち着け、坐禅をする。そして、時を超えて手を入れて、庭の美を保ち続ける。「この庭園自体が修行の場なのです」と松山は語る。

庭園を活かした修行はそれにとどまらない。退蔵院の入り口付近には「陰陽の庭」と呼ばれる石庭がある。修行僧は毎朝、「砂熊手《レーキ》」と呼ばれる道具を使い、白砂が敷かれた庭に砂紋《さもん》と呼ばれる筋をつけ水流を表現していく。

「一度体験してもらうとわかると思いますが」と彼は続ける。岩の周りに丸く砂紋をつけ

（上）退蔵院の元信の庭と（下）陰陽の庭の「陽」

ることは、それほど難しくはない。難しいのは長い直線を描くことである。砂熊手を使って直線を引くことに集中する。それができるようになるまで数年かかった、と彼は言う。しかし、そのプロセスで修行僧は正しい姿勢と正しい呼吸を体得し、動じない、揺らがない心を確立していく。それができて初めて長い直線が描けるようになり、庭を整えることができるようになるという（『弓と禅』の教えと同じだ）。座って瞑想することだけが禅の実践ではない。実際に「動禅」や「立禅」という実践の仕方もあるのだ。

松山が世界の経営幹部たちに提案した掃除は、僧侶たちの仕事であり、貴重な修行の1つでもある。寺では、庭の手入れをする、畳を掃く、埃を払う、板の間の雑巾がけをするといった日々の仕事も、外注業者や用務員に委ねるのではなく僧侶たちが自ら取り組んでいる。

日々外を走ったり、ジムでトレーニングをしたり、自転車に乗ったりしている人は多い。こうした運動は頭を空にすることができ、不安の解消につながる。しかし、これらは主に自分自身のために行うことだ。一方で掃除は、その実践を通じて自らの心身を整えると同時に、その成果を通じて他者や共同体の役に立つという点で、「仏教的な方法なのだ」と松山は考える。

まずは自分のオフィスを自分で掃除し、整理整頓する。心が落ち着き、清々しい気持ちになり、頭を整理することにもつながるだろう。

楽天グループは、1997年に東京で創業し、インターネット関連サービスの巨大企業に成長した。日本国内だけでなく世界でも事業を展開している。楽天では、毎週月曜日の朝のミーティングのあとに全社員が自分の机回りを掃除している。デスクを拭き、椅子の脚まで磨く。創業経営者・三木谷浩史が提唱し、自ら始め、四半世紀以上続けているという。

海外拠点でも同様だ。掃除には当事者意識の醸成という目的もあった。オフィスを自分の人生の大切な一部だ、自分の居場所だと認識することが大事なのだと。

イエローハットは日本の自動車用品販売最大手の1つであり、その店舗は日本国内外に広がっている。三木谷より約30年早く、1933年に生まれた鍵山秀三郎が創業した。鍵山は初めて就職した会社での経験から、トイレ掃除が自分や周囲の意識を変え、会社や社会をも変えるとの信念を持った。創業当時、自動車用品販売という業界は、従業員にも荒くれ者が多く、商習慣も乱暴だったという。

鍵山が自ら始めたトイレ掃除はなかなか周囲の理解を得られなかったが、時を経て社員による掃除活動が広がっていった。鍵山は、物事を整理し掃除することは頭を整理することにつながるとの信念から「凡事徹底《ぼんじ》」を提唱した。1991年には社外の多くの賛同者も得て、「日本を美しくする会」を設立するに至っている。

東京を訪れる外国からの旅行者の多くが、京都や大阪に向かう新幹線の車窓から富士山を眺め、その美しさに感激する。ただ、考えてみてほしい。

富士山そのものが美しいだけではその感激は得られない。

新幹線の窓がきれいに磨かれているからこそ、景色が映える。

日本の小中学校では、日々、児童や生徒が自分たちの教室や廊下の掃除をしている。もちろん、体育館や給食の調理場など学校のすべてを子どもたちが清掃するのは現実的ではない。ただ、自分の環境を整えるのは自分の仕事だという意識を幼いうちから持つことは、社会全体の清潔さや秩序を整えるうえで大切なことだ。こうした実践はいま、シンガポール、エジプト、英国などの教育現場に広がりつつあるという。

掃除にはゴールがない。机は日々埃をかぶるし、トイレは日々汚れ、庭には日々葉が落ち続ける。それでも日々、清潔に美しく整える。その作業を通じて、心が豊かになってゆくのだ、と松山は言った。

セオリーの前に、まずは実践

参加した各国の経営幹部には、キリスト教文化圏の出身者も多い。いきおい、彼らはどこかで、今回の禅寺での経験をキリスト教と照らし合わせて理解しようとする。講義の際、私は松山にそのことを聞いてみた。

彼の父親もやはり僧侶であり、妙心寺の住職を務めていたのだが、両親は息子をあえて京都のキリスト教系の中学・高校に通わせた。寺で生まれ育った大耕に「いままでとは違う価値観に触れさせたい」と考えてのことだったという。長じて、松山はローマ教皇に謁見したり、ダライ・ラマ14世と会談したりするなど、さまざまな垣根を超えた活動をするようになった。禅仏教とキリスト教を比較して語るには、最適な人物のひとりと言えよう。

禅という身体知の世界を、欧米人にもわかりやすくロジカルに語るという稀有な能力はこうしたバックグラウンドから培われた。

「仏教には三慧《さんえ》、つまり、3つの智慧、という言葉があります」と彼は語り始めた。座学で理論を習得する「聞慧《もんえ》」、考えて振り返る「思慧《しえ》」、実践を通じて学ぶ「修慧《しゅえ》」の3つだ。

素晴らしい知識を有していても、生活に活かせないなら意味はない。理論を学び、自分で考えて、実践する。そのすべてが大事という教えだ。

私は、オイゲン・ヘリゲルが『弓と禅』の中で、「経験が第一のものであり、意識して持つことは第二のことであり、解釈し経験したことを組織立てることは第三のことであるということ」をヨーロッパ人が知らない、と記していたことを思い出した。

私たちの社会は、セオリー・ファーストになりがちだと松山は言う。確かに、教育や研修を受けたり、先生や先輩から理屈を学んだりしてから、自分で考えて実践してみるという流れになりやすい。禅の教えは、それとは逆だという。まずは実践だ。それにどういう意味があるのか、どういう効果につながるのかという理解や解釈は後に回し、とにかくハンズオンで手足を動かして実践に取り組む。実践に重きを置いた修行を経たうえで、セオリーや歴史などの学問的な学びを重ねていく。

「自転車の乗り方を覚えることと同じです」と彼は言う。教本を読んで自転車に乗れるようになる子どもはいない。乗ってみて、最初はうまくいかずに転び、膝をすりむく。練習を重ねるうち、ふらつきながらも進むようになる。さらに練習を続けると、スーッと乗れる時が来る。そこから本当に極めようと思ったら、セオリーを学ぶだろう。それと同じだ、と言う。数年前からロードバイクでの長距離ライドに挑戦している私には、腑《ふ》に落ちる話だ。試行錯誤を経たうえで乗車姿勢やペダルの漕ぎ方などのセオリーを学ぶと、楽に速く長く走れるようになる。

とはいえ、彼自身も学生時代まではセオリー・ファースト人間で、この考え方を当初受け入れがたく感じていた。キリスト教の修道院では早朝に起きて祈り、静かな場所で朝食をとる。ここまでは禅の修行でも同じだ。しかしキリスト教の修道院ではその後の多くの時間を聖書や歴史、言語の研究などの座学、すなわち「聞慧」に割くが、禅の修行にそのような時間はない。庭を掃くこと、床を雑巾やモップで磨くこと、畑を耕すことなどの作業を行うだけだ。

これになんの意味があるのだろう、と思った時期があったと彼は述懐した。

しかし、修行を始めてから1年が経ったある春の日、考え方が変わる出来事が起きた。ひとりで満開の桜の下で薪を割っていた時のことだ。通りすがりの人が彼に向かって「こんな見事な桜の下で薪を割れるなんて最高やね」と声をかけてきた。その言葉が妙に心に染みた。何も考えずに、ただひたすら満開の桜の下で薪を割る。

「確かに最高かもしれない」と心の底から思えたという。その時から「この瞬間を楽しまなかったらだめだ」と思うようになった。

すなわち、「いま、ここ」で経験していることを、すべての感覚を開いて味わう、楽しむ、そのために集中するということだ。その時から、禅とより真剣に向き合えるようになったと彼は話した。

身体性なくして安心はありえない

日本において仏教は、長らく葬式や儀式を担ってきた。葬式仏教などという言葉すらある。グリーフケアのプロセスとしても、これらは今後も重要であり続けるだろう。しかし今後は、仏教の別の、いや、むしろより本来的な価値、たとえば「行《ぎょう》」や「身体性」の大切さが、日本だけでなく世界で増すだろうと松山は考えている。

私たちの現代の社会、特にホワイトカラーの生活においては、多くの仕事がパソコンやスマホなどの情報端末上で行われる。文字、映像、動画、音声、それらはすべて、いったんデジタル化された情報として私たちの間を行き来する。世界のどこの人ともズームなどの画面で対話ができるし、そこに行ったような気分にさえなれる。でも所詮それらはバーチャルでデジタルな経験でしかない。視覚と聴覚をデジタル情報につなげているにすぎない。身体は、頭（特に目と耳）、そしてキーボードを操る指先を支える存在に成り下がる。

しかし、と松山は言う。

「身体と心はつながっています。身体性なくして、安心もありえません」

身体性を重んじる「行」を通じた心の安らぎの実現という視点からも、日本の仏教には大いに可能性がある、と彼は手ごたえを感じている。

いまの世界は、禅やマインドフルネスに関する書籍にも指導者にも事欠かない。しかし、どれだけ多くの師からの教えを聞いたり、本を読んだりしても、実践なくして悟りの素晴らしさを真に知ることはできない。

悟りがどれほどよいものかを知るために、同じことを繰り返し行い、自分自身でそれがどういうものかを見つけ出そうと努力する。これが禅の根底にある考え方なのである。日本では、かつては侍たちが、また近代になってからは経営者、政治家、アスリートの一部が禅を実践してきた。こうしたリーダーたちが禅に惹かれるのは、実践を重視する点にあると彼は考えている。

リーダーが生きるのは現場だ。

そこでは、実践を軸にした「三慧」が欠かせない。

もう一度、「八正道」を見てみよう。正しい見解、決意、言葉、行い、生活、努力、心の落ち着き、精神統一。リーダーの多くには「願心」があると松山は言う。内に秘めたる熱意、反骨心、なにかを願う心だ。それを日々、八正道で支えていく。

普段の生活では、自分を改めて振り返る時間も場所も機会もあまりない。静かに座って内省し、自らを明らかにする。そのための場を提供するのが寺の役割ではないかと彼は考えている。禅では「心を集める」という言い方をする。周りにとらわれず自分自身を徹底的に見つめることを指す。その根幹に「行」がある。

最後に、松山はこう説いた。

「迷った時にも、二元論に陥らないようにしましょう。そして、自分の内なる声を聴くようにしてください」

私たちはしばしば、世界を2つの相互に独立した根本原理から理解したり説明したりしようとする二元論に陥る。ユダヤ・キリスト教的価値観では、光と闇、天と地、神（創造主）と被造物に分けて考えることが多い。物事をシンプルに捉えるには便利だ。ただ、これを物事、出来事や人物に関する評価判断に無批判に適用することには、弊害がある。

あの人はいい人か、悪い人か。味方か、敵か。

この出来事はよいか、悪いか。機会か、災難か。

白か、黒か。赤か、青か。

「実際の世の中はそんなに単純ではないです。それに、二元論に固執する限り、争いはなくなりません。仏教では、すべての側面をありのままに受け入れようと教えます。自分の中にはよい面もあるし悪い面もある。なにがよいか、悪いかすら、常に変化していきます。分断された世界においては特にそういう考え方が重要です」

言われてみればそうだ。単純な二元論に陥らないようにするという考え方は、日本人の姿勢、ひいては日本企業のビジネスの進め方にも強い影響を与えている。日本人や日本企業の、時に曖昧ととられる態度は、他の文化の人や組織にとって奇異に映ったり、不可解に感じられたりすることがある。しかし、それが短期的な勝ち負けや、1つの取引《ディール》における損得といった争いに過度にとらわれることなく、長期的な関係性や生態系（自然環境の意味でも、事業や経済環境の意味でも）の維持を可能にしていると捉えれば、その在り方が持続可能な価値の源泉を構成していると考えることができるだろう。

松山は、米国のグローバル企業の非公式の幹部会議にゲストとして呼ばれた折のエピソードに触れた。

先進国のほとんどでは人口が減少し、企業は活路を求めてグローバルに事業を展開し、規模の拡大を進めていく。しかし、進出先の国や地域でも遅かれ早かれ成長の限界に直面していく。このまま戦い続けて本当によいのかといった議論の中で、日本の京都が手本になるのではないかという意見が出たのだという。規模の拡大を目指すのとは違う、長期的な関係性の中での持続的な価値の創造を、京都の老舗企業から学べるのではないか、と。

「日本人である私たちも二元論にとらわれることはあります。ただ、禅や仏教が根底にある私たちの社会では、誰かに勝つことはさほど重要ではないし、競争相手を潰すことも敬意の対象にならない。むしろ、身体を重んじる行によって、人としてあるいは組織として、自己を高めることを大切にしてきた。それは、企業行動を含めた、日本の文化と社会を理解する鍵と言えるかもしれません」

松山は、日本に触れ始めた参加者たちに、そうした1つの見方を示した。

松山大耕

講義後の問い

あなたは、なにを
やめますか？
つづけますか？
はじめますか？

- 不安と対峙し、心の安寧を得るために
- 「いま、ここ」を生きるために
- ゆるぎない自分を確立するために
- 八正道を歩むために

第2講

生け花に学ぶチームのマネジメント

真の協力を生み出し、イノベーションを出現させるには

次の問いをイメージしながら読み進めてください

- 生け花とはなにか。どんな歴史を持ち、その中核にはどんな思想や方法があるのか
- 花を生かし、花と向き合い、花の声をきくとはどういうことか
- 生け花は、エネルギーと創造性をどう解放しうるのか
- チームで花を生ける時の3つの手順と5つの原則とはなにか
- それは、チーム（組織）のマネジメントやイノベーション創出にどう活かせるか

リーダー育成としての生け花

紅いロングドレスをまとった山崎繭加が立つと、凛とした空気が流れる。

参加者たちはすでに、4人一組で1つの島をつくる形で座っている。複数のチームにIMDの同僚が参加することで、8つの組をつくった。それぞれの組は、あえて国籍、性別、産業などが多様になるように構成されている。

会場は、オークラ東京の宴会場の1つである。初めての東京五輪の2年前、1962年に東京・港区の高台に開業したホテルオークラが前身である。永田町、霞が関、丸の内や大手町といった日本の政治・行政・経済の中心地、そして皇居などからもクルマで10分の距離にあり、米国大使館からは徒歩圏内だ。米国の大統領や英国の王族ほか、さまざまな国賓級の宿泊客を迎えてきたし、いままた、懐に一定の余裕があり、美意識の高い観光客やビジネス客を日々受け入れている。

名高いそのロビーをもともと設計したのは、20世紀の日本を代表する建築家、谷口吉郎だった。モダニズムの建築手法に則りながら、和の感覚を丁寧に活かす彼の作風は、「まさにホテルの理念そのもの」だったという。２０１９年９月に全面的な建て替えとリブランディングが行われたが、吉郎の息子・谷口吉生が設計を担当した新しいロビーは、父の生み出したコンセプトを「現代の技術で忠実に再現」するものとなり、内外の顧客や評論家に歓迎された。「わび・さび・みやび」という日本の美意識を体現したこのホテルを拠点とすることで、東京での短いＧＩＪを参加者にとってより充実したものにしたいと発案したのは一條教授だった。

山崎繭加のことは数年前から知っていた。たまたま、知人の紹介で、彼女が東京で行った「チームＩＫＥＲＵ《いける》」のセッションに参加したのだ。私にはそれが初めての生け花の体験だったが、とても楽しく、示唆深いものだった。その後、私は彼女の生け花のセッション「ＩＫＥＲＵ」にたびたび参加したり、自分のかかわる場に彼女を招いたりすることになる。だから、彼女が素晴らしいインパクトを参加者に与えてくれるだろうという確信があった。

小柄な山崎だが、会場の前に立つと、その確固たる存在感が場を包み込む。

山崎は長野県・軽井沢から来てくれた。東京出身の彼女は、数年前に家族と共に軽井沢に生活の拠点を移した。コロナ禍を経てリモートワークが普及したことで、現役世代のビジネスパーソンも多く移り住むようになった。東京在住の西村明子が助手として参加している。西村は山崎の門下生で、かつ、長年人材育成のプロフェッショナルとして活躍してきた。そう、花のアーティストである山崎の活動の核は、リーダー育成なのだ。

このあと、4人一組となった参加者たちは「チームIKERU」に取り組むことになる。すでに山崎の後方には、西村が花材（5種類の花や枝葉）、道具（花器、剣山や鋏《はさみ》）などを用意している様子が見えて、期待が膨らむ。

生け花とは、花を生かすこと

まずは、山崎が、スクリーンにパワーポイントを映しながら、生け花とはなにかについて、その歴史も含めた解説を始めた。若干先走ると、それは「生け花」という概念自体と、その解釈の変遷に凝縮されている、というのが山崎の解説のエッセンスだ。

「生ける」は、自動詞「生きる（to live）」の他動詞活用で、「to let（something）live（なにかを生かす、活かす）」ことを意味する。その対象は「花（flowers）」だから、「生け花」は、「花を生かす」「花を活かす」（let the flowers live）という意味だ。参加者たちは、そのことの意義、特に人材育成や組織マネジメント、イノベーションなどに関する含意を、これから体感的に学ぶのだ。

生け花には、明確な起源があるわけではない、と山崎は言う。生け花は、仏教と神道の両方の影響を受けている、とも。日本では古くから、仏教では仏様《ほとけさま》に花を供え、神道では神を迎えるために花を立てていた、と。

そして、日本最古の随筆『枕草子』（1001年頃完成したとされる）の中にも記述があるように、そもそもそうした神事に使われるよりも前から、日本人は集めた花を花瓶に挿して楽しんでいたという。

やがて花を挿すという行為は、「誰でもできる日常的で簡単なこと」から、「その技と哲学を身につける必要がある、より洗練された芸術」へと進化していった。室町時代（14世紀前半から16世紀後半）には「花の名手」の存在が記録されているという。彼らは花を生ける高い技術で広く認められ、守護大名や公家の屋敷で花を生けるために招かれることもあった。

現存する生け花の最古の教科書は、16世紀に、当時、花の名手として知られていた池《いけの》坊専応《ぼうせんおう》が記した『池坊専応口伝《くでん》』である。彼は生け花を「自然の姿を器の上に表現する芸術」と定義し、それをどう実践するかをこの書物で明らかにした。この書物は生け花の「美の方程式」を伝える教科書、というわけである。この教科書によって、主に当時の上流階級の間で生け花が広く嗜まれるようになった。

しかし、時代は移る。教科書通りの生け花は、「人間が考える美しさ」を表現したものにすぎないのではないか、もっと自然な方法で花を生かすべきだと考える人たちが現れる。そこで、人の作為をできるだけ排し、自然の中にあるように花を生けるアプローチが生まれる。

1つのアプローチが確立されれば、また異なる考えを持つ人たちも現れる。今度は、この自然派のアプローチはあまりに自然を重視しすぎている、かつての「美の方程式」ほどではなくとも、もうすこし人が美に介入すべきだという動きが生まれた。自然から抽出した「別の美の方程式」を器の上で再現しようとする手法が、江戸時代（17世紀初頭から19

世紀後半）に登場した。その後も生け花は、自然的な手法と人為的な手法の間を振り子のように行ったり来たりしながら、その時代に合った美のバランスを問い続けている、と山崎は考えている。

明治維新（1868年）に前後して、日本は300年近くに及んだ鎖国を解き、西洋の技術やシステムを導入、「文明開化」「富国強兵」を旗印に近代化・産業化・軍国化への道に入った。人々の生活にも西洋由来のものが急速に入り込むようになった。着物から洋服に、座布団から椅子に、木造建築から煉瓦造りの建物に、などといった具合である。

当然、生け花の世界にも変化が起こる。海外から輸入された花を使うようになった。「剣山」が発明された。「それまでの生け花は垂直方向のものが多かったが、剣山によって花を面的に、水平方向に広げて生けられるようになった。この時、生け花は、西洋のフラワーアレンジメントに少し近づいた」と山崎は語りかける。

1960年代から70年代に、日本に欧米の現代アートが紹介されると、生け花もその影響を受けるようになる。生け花を「人間の創造性を発揮するアート」と再定義しようと、生け花の大家の一部は、花の代わりに石や金属、その他の人工物を作品に大胆に取り入れるようになった。これらは「前衛《アバンギャルド》生け花」などと呼ばれる。今日でも「現代アートとしての生け花」を実践している華道家たちがいる。

このように、生け花には、歴史的にも、また今日においても、さまざまなアプローチがあり、1つの正解を持つものではない。

山崎は2軸の図を示しながら、説明する。縦軸の上に〈即興性〉、下に〈型〉、横軸の左に〈人間主体〉、右に〈自然主体〉と記されている。さまざまなスタイルの生け花の写真や絵をその図に配置しながら、「ここまで私が、歴史の流れと共に説明してきたさまざまなスタイルの生け花は、このマトリックスの4つの象限のどこかに置くことができます」と。

とはいえ山崎は、どの生け花の教義にも、「花を生かす」という哲学が根幹にあると考える。人がつくりたいものを花を使って形にするというより、花を生かす、つまり自然を軸に人と自然とが共創するという思想がこの伝統芸術の中核にある、ということだ。

生け花はもともと人が自然界の花の美しさを生活空間においても楽しみたいという素朴な欲求から生まれた「遊び」だったはずだ、と山崎は言う。「型」があると、それに従うことで一定のバランスのあるものができる。しかし、一方で型という正解と自分の作品とのギャップに気をとられ、目の前にある花を生かすことから遠ざかったり、「遊び」から離れたりしてしまうことにもつながりうる。

山崎は、もちろん型を教えることはできる。しかし、それをあえてやめたのだという。型とはそもそも、こういうバランスにすると美しいという経験則を形式知化したものだ。しかし、それを教えなくても、人は、試行錯誤を通じて美しい型を自ら見つけ出していくことができるからだ、と。

ひとりで花を生ける――花にきく

生け花の歴史やアプローチの変遷に関するひとしきりの説明を終えた山崎が実演を始めた。会場の前方に設えられた台に1つの花器を置いて。手元には、剣山と鋏がある。今日の花材は、5種類。雲龍柳《うんりゅうやなぎ》、白いアルストロメリア（百合水仙）、赤いスプレー菊、黄緑色の葉だけのように見えるが小さな黄色い花の蕾のついたソリダコ、丈の短い赤い花・千日紅《せんにちこう》である。ここでは、その時の彼女の言葉や動きを振り返ってみよう。ひとりで生け花に取り組む時の手順や心得としても参考になるだろう。

まずは、花器を、どこを正面とすると美しいか吟味したうえで、台の上にしっかり置く。作品の大きさや形は花器の大きさや形にも影響を受ける。花器が大きければ大きいほど使える空間が広がる。逆に花器が小さければ、それなりの花の生け方がある。

次に、花器に剣山を据える。剣山はこれから取り組む作品の羅針盤のようなもので、中心点ともなる。そして、剣山の表面（上向きに立っている太い何本もの針の先端あたり）まで水を注ぐ。

ここまで準備ができたら、いよいよ花を生けるプロセスだ。山崎は、こう語った。

「花の声に、耳を傾けてください。きいてください。はじめに手に持った花を、しっかりと観察してください。さまざまな角度から見て、その花の表と裏を感じ取ってください。少し角度を変えるだけで、花は表情を変えます。じっくり観察し、その花のどの部分がもっとも美しいかを見極めてください」

そして、その花材の美しい部分がより引き立つよう、どこの長さでカットするかを決めていく。あるいは、ある特定の部分に美しさを感じたら、他の部分は鋏で取り除いてみる。引き算による美の創造が生け花においてはとても重要だ、という。

「次に、舞台《ステージ》をつくりましょう」

舞台とはなにか。今回の5種類の花材のうち、最初に使うのは雲龍柳の枝である。これが、作品の「舞台」となる。「舞台をつくる」というのは、他の花材が広がることのできる空間をつくる、という意味だ。もしこの空間が狭ければ、作品全体で使える空間は限定される。他の花を「生かす」ための空間が確保できない。だから、最初に枝を配置する際には、あとに続く花材に十分な余白を確保するよう心掛けることが大事だ。

「今度は、アルストロメリアを生けます。今日の主役です。バンドのリードシンガーのような存在と思ってください」

山崎の表現が面白い。リードシンガー。注目を集める存在だが、バンドの他のメンバーとも調和しなければならない。もし、その花が窮屈そうに感じられるなら、いくつかの要素（枝や葉など）をカットすることで際立たせよう。伸びやかな歌声が聞こえるようになるだろう。カットした部分は、他の場所で使えるかもしれない。

次により小さな花、今回ならスプレー菊を生ける。ベースプレイヤーのような存在だ、と山崎は言う。控えめだが、バンド全体をつなげる非常に重要な役割を果たす。

山崎繭加（右から２人目）

「最後は、ドラムです」と言って、ソリダコという2種類目のサブの花を生ける。バンドに力強さや重みを与え、バランスを取れるように配置する（もちろん、バンドの編成や人数も、組み合わせ方もいろいろあっていい。2年目の今回は、5つ目の花材として、丈の短い千日紅も用いられた。今回の5つだったら、どう生かしてみたいか、という山崎からの問いかけだと捉えていいだろう）。

参加者は、少しじれったくなってきた様子だ。山崎は花器と花材に向き合っていて、参加者には背を向けている。生まれつつある作品は彼女の背中越しにしか見えない。参加者のひとりが声を上げた。

「マユカ、こっちを向いて生けてもらえないかな」

気持ちは、よくわかる。

「私は、花に向き合い、花の声をきく必要があります。みなさんの方を向いて生けようとすると、花に集中できなくなります。私の後ろや横に近づいていただくのは構いません」

参加者たちは一斉に席から立ち上がり、山崎と花がよりよく見える位置に移動した。さらに山崎が伝えた。

「全体のバランスを見てください」

すべての花材を生け終えたら、ミクロとマクロの視点を往復して、作品を整えていく。ミクロの視点では、それぞれの花材がそれぞれの美しさを発揮しているかどうかに注目する。マクロの視点では、作品全体のバランス、エネルギーや流れを、身体で感じるようにする。必要に応じて、残った花材を使って調整していく。

彼女がつくったものは、美しかった。エネルギー、流れ。アシメトリー（非対称性）をも包摂するバランス。参加者たちから感嘆の声が上がり、自然と拍手が生まれた。山崎は、生け花の実践中に意識すべきことを、改めて5つのポイントで振り返った。

1　どうしたら、いま手にしている花をもっとも美しく見せられるか
2　すべての花のまわりに十分な余白があり、花が呼吸できているか
3　花の流れを生かすには、どの部分を切り、どの部分を残すとよいか
4　花は互いに尊敬し合い、生かし合っているか
5　作品全体としてバランスがとれており、重心があるか

チームで花を生ける——花の声、仲間の声をきく

山崎は、ビジネスと教育の世界でキャリアを積みながら、20年以上も生け花を続けてきた。後で詳述するが、彼女はその中で、ビジネスをはじめ多くの分野が、生け花が湛《たた》えてきた智慧を必要としているという想いを抱くようになり、2017年に「IKERU」を立ち上げた。個人向けと組織向けがあり、組織向けには「チームIKERU」というワークショップを提供している。今回のセッションもその枠組みに則ったものだ。

さて、いよいよ、4人一組の「チームIKERU」が始まる。手順は、こうだ。

1　4人の順番を決める。各自が1つの花材を担当し、リレーのように順に生けていく。5つ目の花材(千日紅)はチーム皆で担当する

2　各自は、自分の花材との「対話」を通じ、1つひとつの花材がきれいに見え、かつ全体の調和がとれそうな場所や角度、方向を探しつつ、自分の花材を生ける

3　最後に、全員で話し合い、全体のバランスを整えるなど最終調整をして仕上げる

あわせて、「5つの原則」が共有された。

1　チームであらかじめどのような作品を生けるかを話し合わない、決めない
2　チームのメンバーが生けている時にはその人の花との対話を邪魔しない
3　前の人が生けた流れがどうであれ、まずはそれを判断なく受け入れ、その流れに乗る
4　自分の番でない時には作品全体のバランスや流れを見る
5　全員生け終わったら、全員で全体をチェックし、直すべきところがあるか対話する。もし手直しをする場合は、それを生けた人が直す

参加者は真剣そのものだ。オークラ東京の会場は、花材の色形に加えて、参加者たちの多様性で彩《いろどり》に満ちている。肌や髪の色、体格、実にさまざまだ。しかし全員が山崎の示した手順や原則に従っていて、完全に集中している。

順番に生ける。他のメンバーはそれを見守る。話し合う。手直しをする。

山崎は会場をゆっくり巡回しながら、進行中のそれぞれの作品やチームの様子を見たり、あるいはきいたりしながら、適宜関与していく。それは時に質問に答えることであり、時に1つ2つの提案をすることであったりする。

チームの了解を得たうえで作品に手を入れることもある。花や枝の向きを少し変えて間《ま》をつくったり、左右だけでなく前後方向の動きをつくってより立体性を高めたり、枝葉をカットして流れを強調したり。それだけで作品のエネルギーが増す。チームはそれに感嘆の声を上げ、そこから彼ら自身がまた新たなエネルギーや着想を得て、作品にかかわっていく。

私は、1つのチームを観察していた。最初に「舞台」をつくることを受け持った男性は、じっくり時間をかけた。いくつかの雲龍柳の枝をさまざまな方向や角度から吟味し、長さを切ったり枝を省いたりしながら剣山の上に立てていった。意外なことに、彼は枝を次から次へと立てていった。まるで枝だけで1つの作品を生み出そうとするように。山崎がソロで生けた時には、枝はせいぜい2本で、かつ、その間にはいくつかの明らかな空間があり、それは確かに舞台だった。

彼のはそうではなかった。結局、7～8本の枝が森か林のように空間を支配した。彼は山崎の指示を聞いていなかったのだろうか。このチームはここからどうするのだろう。

次に花器の前に立ったのは、「リードシンガー」たる白い百合水仙（アルストロメリア）を生ける役割を担う女性だった。

確固たる「間（空間）」を持たない舞台を受け継いだ彼女は、いくつもの百合水仙の花と対峙し、そして舞台を眺め、思案しているようだった。そして驚くべきアプローチをとった。1つの百合水仙を大胆に短く切った。そして、それを花器の根元に生けたのだ。彼も彼女も、生け花はまったく初めての経験だし、おそらく生け花の作品を見たこともなかったのだろう。

それにしても……と、私の中の美意識が勝手なお喋りを始める。

ここからどうするのだろう、あそこでリードシンガーは歌えるのか、と。

3番目の女性は、本来ベース担当だ。

彼女はとても落ち着いた様子で、赤いスプレー菊との対話を始めたようだった。やはりいくつかの菊を手に取って、さまざまな方向から無言で眺めている。そして、決意をしたように、長めに切った2本のスプレー菊を、百合水仙の左斜め上の高い位置に生けたのだ。流れが大きく展開した。拡がった、と言っていい。そして、私にはそれは、リードシンガーの交代に見えた。スプレー菊が歌い始めた。百合水仙はバックコーラスとしてそれを支えているようだ。

4番目の男性がドラム役としてのソリダコを生け終え、全員で千日紅を生け終えたところで、作品は独創的ではあったが、お世辞にも美しいとは言えない代物だった。まだ私には出口が見えなかった。

4人はスクリーンにある「5つの原則」の5番目のプロセス、つまり話し合いを始めた。そして作品の調整を始めた。最初の男性が雲龍柳の枝のいくつかを取り除き、いくつかに鋏を入れた。そのことで、若干角度の調整を行ったスプレー菊の伸びやかさが増し、百合水仙の存在感も高まった。いままで見たことのないような、しかし美しい1つの作品が出現した。

3番目の女性は、こう語った。

「私がスプレー菊と対話した時に、生かしたい流れがあったのです。だから高さを残したいな、と思って」

それも含めて、チームでの話し合いは、どうしたら全体により空気が通るようにできるかということに集中していた。リードシンガーの交代に、百合水仙を担当した女性も含めて、誰も頓着していなかった。

単に流れに従ったのだ。白い華やかな花をリードシンガーとして何とか生かさなければ、という執着はなかった。

それでいい、と山崎は言った。

流れを生かす、いまを生きる、自我を手放す。執着を捨てるとはそういうことだ。そして、仲間が生み出したものをひとまず受け入れてみたうえで話し合うという調整のプロセス自体が、私には美しく感じられた。

ある時点ですべてのチームが、自分たちの作品に手ごたえを感じ、満足し、ハイタッチをしたり、ハグをしたりし始める。作品を囲んでスマホで記念撮影をする。そして、8つの作品を、東京タワーが見える窓際に並べて、祝福する。

それぞれが素直な感想をきかせてくれた。

どんな作品になるのか、したいのか、４人のうちの誰にも確固たるイメージはありませんでした。でもこうしてできあがったものに私たちは満足しています。もちろん、自分だったらこうは生けないだろうと思うことはありました。でもそれを含めて、生まれたものの思いがけない美しさに興奮しています。

（オーストラリア国籍、製薬、中国ＣＦＯ兼流通・小売部門責任者〈中国勤務〉）

時間をかけて、静けさの中で花と対話して、自分の内側から来る感覚に耳を傾けたのです。そうして美と向き合うことを通じて、私自身の感情が豊かに蘇るような感覚を得ました。

（スウェーデン国籍、健康食品、上級臨床プロジェクトマネジャー〈スイス勤務〉）

人種や性別を問わず、「いま、ここ」に完全に集中している時の参加者たちの眼差しは力強く、美しかった。その過程を経て新しい何かが立ち現れていくさまを経験した時の彼らの表情には、喜びと解放感があった。それを目の当たりにして、私は心を打たれた。その一連の様子を、フォトグラファーが一眼レフで多くの写真に捉えてくれた。いま見ても、その時の心の動きがよみがえってくる。

生け花が教えてくれる3つのこと

振り返りの時間に入った。まずはチームごとに、何がうまくいき、いかなかったか、そこから何を感じ、学んだかを話し合う。

次に全員での共有に入る。山崎は、参加者のコメントや感想に自らの考えを重ねていく。そこで改めて強調された考え方をいくつか記そう。

1　花を生かす (let the flowers live)

私たちはその日、それぞれの花を、できる限りその本来の美しさを発揮できるように切って作品にすることに取り組んだ。それにはまず、1つひとつの花がもっとも美しく見える向きや長さを見つける必要がある。ただ、それはつくろうとしている作品に合うようにその花を加工するという考え方とは違う。それでは単に「自分がつくりたいものをつくる」ために「花を使っている」にすぎない。その花のもっとも美しい姿を見つけ、他の花材と調和するように挿す。作品は、自然な形で花器の上に「出現する（立ち現われる）」のだ。

花を生かした作品を出現させるには、ある心構えが必要だ。

「素晴らしい作品をつくろう」という自我や願望、「こんな作品にしよう」という計画や構想を手放すのだという。たとえば、その花のもっとも美しい部分は、実は曲がった茎かもしれない。もともと確固たる構想があれば、その茎の曲がり具合は構想に合わないと考え、排除するという判断に陥る可能性が高い。

「花の声をきく、花と対話する、その花の姿を受け入れるとは、たとえばその茎が曲がっているからこそ美しく見えることを認識し、その曲がり具合をどこにどう置けば輝くのかを探索するということ。あなたの自我や願望が強ければ、あなたは花の声をきくことはできません。心を落ち着かせ、花の声に耳を傾ける。思いのままにしたいという自我や願望を手放すのです」と山崎は語りかける。

大切なのは自分自身の心を整え、きこうとする姿勢を持つこと。

なぜ、その姿勢が必要なのか。

山崎は、かつて勤めていたハーバード・ビジネス・スクール（HBS）での経験を振り返って語り始めた。

「資本主義の総本山」と呼ばれてきたHBSでは、長年、知識（knowing）、実践（doing）、在り方（being）のうち、知識（knowing）に重点を置いた教育がなされてきた、という。しかし、21世紀に入って世界の経済環境が激変したり、世界中を混乱に陥れた2008年の金融危機を引き起こした金融界に、多くの卒業生を輩出したりしてきたことを踏まえ、これまでのリーダーシップ教育のかたちそのものを根本的に見直すこととなったのだ。知識教育を偏重する中で、実践を通じた、あるいは在り方を問うような教育が十分ではなかったのではないか、と。そして教育指針の転換が必要である、と。

「HBSで働きながら私は常に劣等感を感じていました。誰もがみな賢く、明晰で。ところがその指針転換の話を聞いて、重要なことに気づいたのです。これは生け花のことではないかしら。私が生け花を通して行ってきたことこそ、実践からの学びであり、豊かな心の在り方の実現につながるのではないか、と」

ある年、HBSの教授陣が日本を訪れた。HBSの東京のリサーチセンターで日本企業に関するケースライティングの仕事を担当していた山崎は、勇気を持って手を挙げて、生け花のセッションを教授陣に提供した。その時の手ごたえが、彼女の仮説を確信に変えた。山崎は、自分の周りや世界で起こっていることに耳を傾け、自分自身の声をきいて、「生け花」という手持ちの花材を生かしたのだ。

生け花の叡智をビジネス教育やリーダー育成の分野に持ち込む、という山崎の大胆な構想は、まさにこのように立ち現れた。HBSに無理に自分をフィットさせようとする代わりに、自分という花材を見つめ直し、別の形での貢献の道筋を見つけたのだ。山崎は、10年勤めたHBSを退職し「IKERU」を立ち上げた。それは彼女自身の人生の移行(transition)であり、イノベーションでもあった。

付け加えておけば、このような教育指針の転換を行ったのは、HBSだけではなかった。2010年にIMD参画を検討するプロセスでスイスのキャンパスに初めて招かれた私が驚いたのは、そこが「人間教育」の場だったということだ(リーダー教育とはそういうことだ)。だから、今回のように、GIJでの文化セッションは、実践を通じて代替的な思想を体感し、省察を促すものであるべきだという私の提案も、すぐに生かされたのだ。

2　いま、ここ（now & here）に集中する

ある美しさや流れを「生かす」ために、鋏を入れる、カットするということは、生け花の実践の大切な一部でもある。ただ、その中で必ず「あ、切りすぎてしまった」と感じることがある。しかし、一度切ったものは元には戻せない。

山崎は言う。

「あなたが『しまった、どうしよう』と思い悩むなら、あなたは過去にとどまっている。花を切りすぎた失敗という後悔か、切る前の花という過去のイメージの中のいずれかに生きているということです。逆に、少し短くなったこの花を、どうしたらもっとも美しく見せることができるかに意識を向けられれば、あるいはあえてその花を手放すことを決めることができれば、あなたは『いま、ここ』に戻ってくることができます。他方、『こんな作品にしたい、こういうふうにつくろう』というビジョンや欲求を持つと、あなたは未来に先走りすることになります。それもまた『いま、ここ』への集中を妨げます」

過去でもなく、未来でもなく、常に「いま、ここ」に集中することが、花を「生かす」ことにつながるのだと言う。この考え方は言うまでもないが、前章で触れた禅の思想に通じる。

蛇足かもしれないが、私は、「now here（いま、ここ）」という2つの英単語の間（space）を抜くと「nowhere（どこにもない、どうしようもない）」になってしまう、という偶然を興味深く思っている。ジョン・レノンはビートルズ時代に「Nowhere Man」という曲を書いた。その歌詞には、現実に向き合っていない、ふらふらしていてなにかを成し遂げる途上にいない男、というニュアンスがある。

3　間（space）をつくる

生け花では、それぞれの花材を生かす十分な空間が重視されることを多くの参加者が体感した。花は狭苦しい場所では息ができず、輝くことができない。

余白の価値について山崎は次のように表現した。

「1つひとつの花材をもっとも美しく見せるにはどうすればいいかと考えながら、同時に花材同士のかかわり方、間《ま》にも心を寄せる必要があります。それが作品に流れを生み出します。自分と花材との対話だけではなく、花材同士の対話にも心を傾けて、ちょうどよい適切な間を生み出すことが大事なのです」

西洋のフラワーアレンジメントでは、ある一定の空間を花で埋めつくすというアプローチがとられることが多い。日本の生け花では、なにもない空間も作品の大切な一部であり、それがあるからこそ花が引き立つ（あるいは、花があるからこそなにもない空間が引き立つ）と考える。実は絵画の世界においても、同じ比較が成り立つ。日本画は、その間《ま》の使い方において独特だ。間は日本の文化の1つの中核的な概念でもある。このことについて語るだけでも一冊の本が必要だろうが。

チームだからこそ想像を超えられる

今回の参加者は、ひとりで花を生けること、言わば「ソロIKERU」を体験することなく「チームIKERU」に挑戦した。そして、チームで取り組んだものの素晴らしさ、思いがけない、想像すらしていなかった美しさに驚嘆した。

参加者の感想をいくつか紹介しておきたい。

他のメンバーが真剣に花材と対峙し、対話している姿は、とても素敵だと思いました。私だったらこうするのに、と思うこともありましたが、基本的に口出しはしないのがルールだと理解していたので見守っていました。そのうち、なにかが出現してきました。観ていた私にも静かな喜びがありました。仕事でももっとこういう感覚が持てたらいいな、と感じました。

（コソボ国籍、運輸、創業者兼CEO・取締役（コソボ勤務））

順番に生けていって、できあがったものを見て話し合いました。その花材を生けた人がそれを手直しする、というルールがあったのですが、とてもスムーズでした。全体を見た時にそこがなにか機能していないことは本人にも明らかで、だからこそ、そこをどうしたらいいか、創造的にフラットに話し合うことができたし、全員が納得して本人の手直しを見守ることができました。

（コートジボワール国籍、消費財、工場長（コートジボワール勤務））

山崎も、経験上、多くの参加者がチーム作業で出現する作品の素晴らしさに驚くという。思えば私も山崎との「チームＩＫＥＲＵ」が最初の生け花体験だったし、できあがったものの美しさに感動し、たまたまチームで一緒になった人たちとは友人になった。

なぜ、そんなことが起こるのだろうか。

通常のビジネスの現場ではどうだろう。マネジャーが目標を示し、それを達成するためのタスクを特定し、どのメンバーが何をするかを決定し、進行を管理する。そのプロセスのどこかでメンバーの意見を聞いたり、合意を得たりする。各メンバーはそれぞれ最終的な目標を認識していて、マネジャーは進行状況を把握できる。また、マネジャーやメンバーは、他のメンバーがなにかに取り組んでいる最中に介入することもできる。それが普通のやり方だろう。

「チームIKERU」はそれとは違う。美しい生け花の作品を生み出したいという願望は暗黙的に共有されているだろうが、最終的な完成形がどんなものになるかについて誰もイメージを持っていないし、当然イメージに合意しているわけでもない。

大切なのは「チームIKERU」の5つの原則を各メンバーが守ることにある。前のメンバーが花材の声をきいて生んだ流れを（仮にそれが自分の考えや好みと違っていたとしても）受け入れ、生かしながら、自分の花材を生けていく。調整と仕上げは全員で話し合って行う。

最終的に、自分ひとりの力では、あるいは通常のビジネスの管理の考え方では生まれ得なかった作品が目の前に立ち現れる。これは、花を生かすだけではなく、メンバーを生かす、偶発性や即興性、流れを生かすということでもある。単にリレー形式で花を生けるだけではそうはならないのだ。

「いま、あなたが手にした花が、器の上でもっとも美しくなる姿を思い描いてみてください」という山崎の参加者への呼びかけは、ひとりひとりのチームのメンバーの能力を引き出して、最大限に生かすという、マネジャーの役割のメタファーとも言える。

今回も含めて、山崎のワークショップの参加者は多くがマネジャーである。それでも、チームで動くことで本当によいものを生み出せたという実感を持っている人は多くない、という。本当は自分がやった方が早いけれど、メンバー育成のために仕事を切り分けてやらせている、でも見ていてイライラしてつい介入してしまうとこぼす人も多い、と。

生け花を通じて彼らが「チームで動いたからこそ、自分では想像できないものが生まれた」という実感を得られたことは意義深い。そこに辿り着くには、他者が生み出した流れをまずは受け入れてみることが欠かせない。そもそも、これは他者に間《ま》を——時間の意味でも空間の意味でも――与えることなしには成り立たない。

「個人や組織が革新的であるためには、ホワイトスペースのような空間も必要です」と山崎は言う。

ホワイトスペースができれば、各自が自由に考え、動く余白が生まれ、それぞれの考えや感性が生かされる。調整が必要な時は話し合う。そのプロセスがあって初めて、チームとして想像を超える成果を生み出すことができる、と。

ある参加者は決意表明のような感想を寄せてくれた。

生まれて初めて花を生けてみて、創造性を発揮するにはスペースが必要だと感じました。会社に戻ったら、私は自分のチームのメンバーがクリエイティブになれるように、もっとスペースを与えることを強調したいと思っています。もちろん、ビジネスですから戦略的な目的や目標はあるし、マネジャーとしてはそれを常に心に置かなくてはならない。それ自体を手放すことは、私には難しい。違うよ、そうじゃない、と言うべき時はある。でもマイクロマネジメントに陥ることは、メンバーにとっても私にとってても望ましいことではない。手放していいことと、堅持すべきこと。その新しいバランスを、これから模索していきたいと思っています。

（米国国籍、半導体製造、地域営業マネジャー〈ドイツ勤務〉）

完全なる集中がもたらす感覚――花が解き放つエネルギーと創造性

ＩＭＤプログラムでのコラボレーションから数週間後、私は、軽井沢のアトリエに山崎を訪ねた。その頃は公私共々多忙を極めていて、かつ、さまざまな澱《おり》が心に溜まっている感覚があった。森の中に出かけ、花を生けるのはいい気分転換になる気がした。東京の自宅から3時間弱のドライブ。ビル群から山々に次第に変わっていく景色の移ろいも心地よかった。

「とても美しいですけれど、完全にスタックしていますね。掛け軸の絵のように、閉じ込められている感じです」

最初の1時間ほどで生まれた私の作品を見て山崎はそう言った。

言わんとしていることはよくわかった。私は絵画鑑賞が好きで、日本画も数多く見てきた。どこかで私の取り組みはその朝、私自身のデータベース、つまりさまざまな絵画を見てきて蓄積された型《かた》を形《かたち》に移す作業に成り下がっていた。その作業の結果は、なにを足すことも引くことも拒絶しているようだった。手の施しようのない感じ、だ。彼女はこう続けた。

「そして、いまのあなたのエネルギーは、今朝アトリエに入った時とまったく変わっていません」

その通りだった。心の澱は溜まったままだった。どうしたらいいのだろう。まだ時間は1時間強残っている。直しようがあるのか。続けるのか。むしろ、いまからまったく新しいものに取り組んだ方がいいのではないだろうか。

山崎は、ワサワサした、捉えどころのない、でも生命力に満ちた大きな枝を私に差し出した。それは、私自身だったら絶対に選ばないだろう、私の美意識の枠から遠く外れる代物だった。

「これで生けてみてください。この枝に自分の体を投げ出すような感覚で」

自分の「コンフォート・ゾーン（快適域）」の外側に出なければならない。

格闘が始まった。私は途方に暮れていて、でも一方でワクワクしていた。その時に山崎が撮ってくれた写真をあとで見ると、私は、立ったり座ったり、体ごと動かしたりしている。そして自然に笑っている。

新しい作品が立ち現われた。それは、私のこれまでの枠やコンフォート・ゾーンの完全に外にあるものとなった。掛け軸の日本画のような、二次元に閉じ込められた1作目とはまるでかけ離れていて、並べてもとてもひとりの人間が手掛けたものには見えない。でもエネルギーに満ちていた。そこには野性があり、勢いがあった。それを生み出す過程の中で私自身の野性が目を覚ました。私のエネルギーが蘇った。

「なにかを創造する」というより「なにかが出現する」「立ち現れる」という感覚。成功した起業家たちに共通するという「エフェクチュエーション」(effectuation)と呼ばれるアプローチがある。新規事業開発やイノベーション創出など、不確実性を伴う問題への対処法であり、行動を通じて現実を変えていく手法でもある。

未来を予測することはできない。

でも自分をコントロールすることはできる。

目標から逆算して達成のための手段を考える「コーゼーション」（causation）というアプローチとは異なり、手持ちの手段を活用し、未来を創造していくアプローチだ。エフェクチュエーションは5つの原則から構成されている。そのうちの1つに「レモネードの原則」がある。米国の「レモンを与えられたら、レモネードをつくれ（When the life gives you lemons, make lemonade）」という諺《ことわざ》に由来するものだ。山崎が差し出したワサワサした枝は、私にとってレモンだった。私は自分をコントロールして、それを生かすことを選んだ。受動的に手にした枝を積極的に生かし、「掛け軸の日本画」を捨てて、レモネードをつくることを選んだのは、私だ。

ハーブティーをいただきながら、山崎と、参加していたほかの3名と振り返った。私は、ここで経験したことが、人生の移行《トランジション》そのものだと思う、と言った。

自分の役割は、他者や社会、時代との関係なしには規定できない。それはあたかも、ある花材が輝くために別の花材やそれとの間を必要としていることに似ている。自分のビジョンに頑固に執着することは、時に時機を逃し、そのビジョンそのものの可能性を狭めることにつながる。

ひとりの人間として、また、企業や組織のリーダーとして、あるいは企業や組織自体としても同じことだ。

過去にも未来にも執着しない。いまを生きる。

自分をコントロールする。

手持ちの手段や思いがけない出会い、メンバーやパートナーが生み出した予想外のなにかすら、生かして、生きていく。

数カ月後、オークラ東京でのセッションの参加者のひとりから、短いメッセージが届いた。嬉しそうに花を生けている彼女自身の写真と共に。日本から戻って、旅の話を夫に話したところ、彼が花器と剣山と鋏を探して購入してプレゼントしてくれたのだという。

「いまでも時々、こうして花を生けています。とても落ち着きます。会社での同僚や部下との関係も変わった気がします。私はすごく大切なことを学んだ。ありがとう」

講義後の問い

あなたは、なにを
やめますか？
つづけますか？
はじめますか？

- 多様な個性や背景を持つメンバーを真に生かし、協力を実現するために
- メンバーのエネルギーや創造性を解放させるために
- 流れをあなたの味方にするために
- 想像を超えるイノベーションを「出現」させるために

第3講

合気道に学ぶ自他共栄のマネジメント

競合やパートナーと共に、市場や社会に貢献するには

次の問いをイメージしながら読み進めてください

- 合気道とはどういうものか、
どんな歴史と、理念を持つのか
- 武道と武術はどう違うのか、
「道」とはなにを目指すものなのか
- 競争や攻撃への対応を
合気道ではどう教えるのか
- レジリエンスに関して
合気道から何を学ぶことができるか
- 精力善用・自他共栄、
また、世界と和合するとはどういうことか

敵はあなたのパートナー、まずは相手にきけ

壮絶なバトルが始まった。

剣を持ち、相手を打つ。相手も対抗し、打ち返してくる。パン、パンという大きな音とそれに続く悲鳴が、誰かが相手の身体を剣で打つことに成功したことを物語る。相手も黙ってはいない。隙を見極め、打ち返してくる。

オークラ東京の美しい宴会場は、30名15組の決闘の舞台となった。彼らは会場を縦横無尽に動き回る。合気道の講師を務める須貝圭絵の指示に従って、それぞれ右手を上に、左手を下に、両手で1本の剣を持って。剣はちょうどスターウォーズの「ライトセーバー」くらいの長さだ（ルーク・スカイウォーカーやダース・ベイダーが使っていたもののサイズだ）。

もともと、組織の幹部になったり、エグゼクティブMBAプログラムに参加したりする時点で、彼らの多くは向上心も競争心も強い。勝ちたいと思う気持ちが強いから真剣になる。剣が白くて柔らかいスチロール製のパイプで本当によかった。もっと硬いものだったら、怪我人が出ていたか、宴会場の設えに損害を与えていたかもしれない（そんなことになったら、あの親切で親身な支配人にどう謝ったらいいのだろう）。柔らかい剣だからこそ、彼らの闘争本能を子どもの遊びのような笑いに満ちた場に転化することができるのだろう。

派手な打ち合いの後、30名の参加者たちの前に立つ須貝はこう語り掛けた。

「相手は、あなたのどこに隙があり、弱点があるかを教えてくれる大切なパートナーなのです。相手が目の前にいるから、あなたは自分の弱点を知り、それを克服することができるのです」

ひとしきりの戦いを終え、新米剣士たちが肩で息をしている。一方、長い黒髪を後ろで束ね、太い幹のように背筋を伸ばした須貝は、その小さな体とは対照的に強いオーラを放っていた。

Techniques
Ken no Uchiai
Learning from rivals

型の反復練習による心身の鍛錬

須貝圭絵は、京都・智誠館の師範である。その日、京都から新幹線に乗って、ライトセーバー（ではなく白くて柔らかいパイプ）30人分を携え、夫の須貝フィリップを従え、東京の会場までやって来た。

合気道は日本の武道の1つだが、実際にはあまりよく知らないという読者もいるだろう。そこで、彼女の講義内容も借りて、合気道の成り立ちについて簡単に触れておきたい。

合気道の開祖は植芝盛平である。1883年（明治16年）生まれの植芝は、さまざまな流派の柔術や剣術を極めつつ精神的な修行にも精進した。その学びを武道に昇華させたのが合気道だ。植芝が初めて正式に「合気道」と名付けたのは、太平洋戦争中の1942年。そして、終戦後まもない1948年、日本の文部省は「合気会」に財団法人としての認可を与えた。合気道は、そこから日本各地、そして世界へと広まっていくこととなる。

植芝は人間の身体の特徴を科学的に捉え、合理的で無駄のない体の動きを見極め、体格差・体力差にかかわらず相手を制することができる一連の技を確立した。

合気道で相手の攻撃を捌いたり、技をかけたりするための基本的な動きを、「体捌《たいさば》き」という。これは「入身《いりみ》」や「転換」などに分類される。

入身とは、攻撃してくる相手の中心に自分の身を入れたり、相手の死角に自分の身を入れたりする体の動きである。入身では相手をむやみに攻撃することなく、相手の力を流して「和合《わごう》」を図ることが目的となる。植芝が目指した合気道において、「和合」は相手の「気」と自分の「気」を合わせて導く、つまり相手の動きのタイミング（間）や、相手の押してくる力、引いてくる力に自分の力を合わせることを意味する。

入身と対になる転換は、入身によって攻撃を加えることなく和合を達成した相手の姿勢を、円のような動きを用いて大きな力を使わずに流して崩すことを意味する。こうした一連の体捌きの技術によって、合理的に相手を制することが可能となる。

では合気道とそれまでの武術との違いはどこにあるのか。

武術は、戦いで相手に勝つための技である。一方、合気道は相手を傷つけたり、勝敗を決めたりするためにあるものではないという。植芝の言葉を引用すれば次のようになる。

「合気とは敵と闘い敵を破る術ではない。世界を和合させ、人類を一家たらしめる道である。即ち、合気道の極意は、おのれを宇宙の動きと調和させ、おのれを宇宙そのものと一致させることにある。修行者は、このことを日常の鍛錬を通じて悟るべきである」（『武産合気《たけむすあいき》——合気道開祖・植芝盛平先生口述』白光真宏会出版本部）

この思想を体現するように、合気道には「試合」や「勝負」という概念がない。稽古では型の反復練習による心身の鍛錬に重きを置いている。武術と違い、武道とは動作を通じて思想、理念や哲学を学び、人間としての成熟を目指す教育なのだという。

須貝の師匠は、新潟在住の杵淵暢《きねぶちとおる》である。杵淵はフランスで合気道を広めた望月稔に師事した。その望月は柔道（講道館柔道）を創始した嘉納治五郎の弟子だった。

嘉納治五郎は晩年、柔道が競技スポーツとして進化したことを悔やんだという。武道としての合気道の価値を感じていた嘉納は、「合気道を習うように」と、弟子のひとりであった望月稔を合気道の創始者・植芝盛平のもとへ送った。

2人の達人から直に薫陶を受けた望月は、嘉納の「精力善用・自他共栄」という思想と植芝の「和合の道」の理念を継承し、礼節と秩序を守り教養を高めることを目指す望月稔合気道を確立する。望月稔合気道の特徴は、植芝の合気道の平面的な円運動に捨身技を加えることにより、「球」に近い立体的運動へと発展させた点だ。

そして、今回の講師の須貝は、その望月の流れを汲んだ杵淵から、望月稔合気道の「勝負の道理を世の百般に応用す」という考え方を継承しつつ、独自に進化させてきた。

相手がいることの価値を最大化するには？

冒頭に記した剣の打ち合いの中で須貝は、「相手とは自分の隙や弱点がどこにあるかを教えてくれる大切なパートナー」だと語った。そして、相手がいることの価値について、さらに技を通じて参加者の省察を促す演習を行った。当日の資料には、こう記してある。

肘上げ（Elbow Raise）：感謝が攻撃の力を弱める

背合わせ（Back to Back）：ライバルがいるからこそ開花する

どういうことだろう。

1　肘上げ――感謝が攻撃の力を弱める

須貝とフィリップはスクリーンの前に立ち、次のような流れで「肘上げ」を実演した。

須貝は、床に正座した。フィリップは攻撃側として、須貝の正面に立ち、そのまま彼女の両肩を押す。彼女はいとも簡単に後ろ側に倒れてしまう。フィリップは須貝よりも大柄だが、2人の体格差がなくともこの形で彼女が彼に抵抗することはできない。

もう一度やってみる。今度は、須貝は床に正座したまま、上半身を腰からおよそ45度ほど前に倒す。ちょうどお辞儀をするように。そして、両肩を押してくるフィリップの肘を、下から手で押し上げるような動作をする。あたかも将軍か天皇の畳の間に出向いて、ありがたい褒美でも受け取る時に、感謝の気持ちと畏敬の念を込めて、褒美を上に掲げ頭を下げる時のような動作、「感謝のポーズ」とでも言えば伝わるだろうか。こうすると、フィリップがいくら力をかけても須貝はびくともしなくなる。

もちろん、物理的に言えば単純なことだ。肘を下から押し上げることで、フィリップの腕は1つの方向にしか力を加えられなくなる。そして、上半身を前に倒すことで、フィリップの力のベクトルを須貝の背筋が完全に吸収する形となる。まさに、科学的で合理的で無駄のない身体の動きというわけだ。

参加者たちも同じ動作をしてみる。すると、最初の形では面白いように倒されていた自分が、2つ目の形ではきちんと抵抗できることが体感できる。2つの形の、あまりに異なる力学の働きに参加者から驚嘆や歓喜の声が上がる。この経験は、この「感謝のポーズ」のイメージと共に参加者の身体に残り、脳裏に焼きつく。

ビジネスの世界では、競合企業から攻撃を受けることもあれば、昇進競争の中で同僚から政治的妨害を受けることもあるかもしれない。思いがけない環境の変化や規制の改定などが、自分たちにとって不利に働く、あるいは攻撃と感じられることもあるだろう。しかし、その時に「敵対する」ことを選択する代わりに、「感謝の気持ちを持って受け止める」ことができたらどうだろう。相手や環境からの威圧や攻撃を正面から受けて屈する、あるいは真っ向勝負を挑んで傷つく代わりに、その影響を極小化したり、場合によっては機会に変えたりすることもできるかもしれない。

2　背合わせ——ライバルがいるからこそ開花する

次に、「背合わせ」を須貝とフィリップがやって見せる。

まずはそれぞれひとりで床にしゃがむ。尻を床に着け、膝はいわゆる三角座りで、足の裏は再び床に着いているという形だ。その状態から立ち上がってみよう。人間は背筋を垂直にしたままで立ち上がることは難しい。立ち上がる時に必ず上半身を前に傾けていることを実感できるだろう。それが、ひとりで立ち上がる時の合理的な形なのだ。

次に2人は背中合わせにしゃがんだ。自分の腕を身体の後ろで相手の腕に絡める。互いの背中が密着する。そこから2人は一緒に立ち上がろうとする。しかし、できない。

参加者たちもペアを組んで、この2つのプロセスを実践してみる。背中合わせの状態からはどのペアも立ち上がることができない。それぞれが自分の上半身の前傾を使って立ち上がろうとするから、ペアは腕で引っ張り合いを行うような状態になる。にっちもさっちもいかない。

次に、須貝夫妻が別のアプローチを見せた。

須貝圭絵（手前）

今度は、背中合わせにしゃがむものの、それぞれが前傾を目指す（つまり相手の背中から遠ざかろうとする）のではなく、逆に相手の背中に自分の背中を預ける。互いに相手に背中から寄りかかるのだ。すると、2人はいとも簡単にまっすぐ立ち上がることができた。

参加者は感心し、自分たちでもやってみる。今度はあまりに造作なく簡単に立ち上がることができるので、再び驚嘆と歓喜の声を上げる。面白がって何度も繰り返すペアもいる。

非常に興味深いが、この技にどんな含意があるだろう。

須貝が加える。

「一緒に立とうとすること。互いに助け合えばもっと高いところまで行けるのです」

最初のプロセスでは、2人は、それぞれがあたかもひとりであった時にそうしていたような形で立ち上がろうとしていた。結果として所期の成果（一緒に立ち上がること）は得られなかった。両腕を相手と組んでいる状況では、自分だけの成果（ひとりだけでもいいから立ち上がること）すら実現できなかった。

ところが次のプロセスでは、ひとりであった時とは異なる身体の使い方をする（前傾する代わりに後ろに身を預ける）ことで、両者にとって喜ばしい成果（一緒に立ち上がること）を実現できたのだ。しかも、思いのほか、たやすく。

合気道の教えをビジネスに転用

須貝は、パワーポイントをスクリーンに映し出し、合気道にまつわるいくつかの基本的な考え方について語り始めた。

武道では、その修練を通して「気・体・智・徳・備心」の5つをバランスよく整えていくことが求められるという。

いわく、

「気」とは、「やる気」を意味する。気力を養うことで、積極性を身につけ、更に不撓《ふとう》不屈《ふくつ》の精神を得ることである

「体」とは、健康で強く、しなやかな身体に鍛えることを意味する

「智」とは、文字通り知恵であり、物事の本質を見抜く力（洞察力）を意味する

「徳」とは、「礼」を通して常に相手を敬う心を持つことを意味する
「備心」とは「備え」を意味する。何かが起こることに対して常に「備え（心構え）」を持たなければならない

須貝は、望月稔合気道が説いてきた「気・体・智・徳・備心」という5つの理念に着目した。技を通じてこの5つを学ぶことができれば、教えは武道の枠を超え、ビジネスから人生にいたるまで、あらゆることに活かすことができるのではないかと発想したのである。そして、普段武道に親しんでいないビジネスパーソンたちに5つの理念をわかりやすく伝え、実践してもらうための一連のセッションを開発し、それを「B・i・z道（Biz-Do）」と名付けた。そして、5つの理念に独特の英訳を与えた。いわく、「気（フレキシビリティ＝flexibility）」「体（レジリエンス＝resilience）」「智（インサイト＝insight）」「徳（ウィン・ウィン＝win-win）」「備心（フォーサイト＝foresight）」である。

今回、GIJの中核となるテーマが「コーポレート・レジリエンス」であることを私が事前に伝えると、須貝はそれに深く共感したうえで、それに相応しい演習と話を提供できると請け合った。「体」にレジリエンスという英訳を充てたのには、その影響があったか

もしれない。それでも、彼女がセッション当日、参加者たちに「私たちは竹のようになるべきなのです」と語り掛けた時、私は心を惹《ひ》かれた。

竹は、たとえ細くても、強い。竹の内側は多くの節から成り立っている。強い力で竹を折ろうとしたり、壊したりしようとしても、そう簡単にはいかない。竹は揺らいだり、反ったりすることで、外からの力を柔軟に捌く。

比較対象として、杉の木のような大木を想像してみよう。巨大な台風などで、強風にさらされると、杉の巨木はあっさり折れてしまうことがある。根こそぎ倒壊することもある。ところが竹は、強く揺さぶられはするが、折れることや壊れることは滅多にない。しなる柔軟性と、節の構造がもたらす強さ、両方を兼ね備えている。また、竹の根は地中で鎖がつながったような組成をしており、互いに支え合っているので、根こそぎ倒れることもほぼないという。個を集団が支えていると解釈することもできるだろう。

「武道では、英語の『Core《コア》（核、中心）』のことを芯、軸などとも呼びます。軸を常に保ちながら動くことが大事です。軸がちゃんとしていないと、相手が倒れれば自分も倒れることになります」

須貝の指し示した竹のイメージが、軸を維持しながら柔軟性を保つ在り方を想起させてくれる。

「では、正しく軸を保つ動き方とは、柔軟性とは、そして本当のレジリエンスとはどういうことでしょうか。これから体験していきましょう」

技の体験をどう生かすか——体捌きでコアを意識する

会場の前方に再び須貝とフィリップが並んだ。

新たな実技のスタートだ。

まずは2人が、基本の「体捌き」を見せる。

「なにかに襲われても、大きな木のようにしっかり立ち、じっとしていれば強いように見える。でも、たとえば頭を打たれたとしたら、倒れてしまうかもしれないですね。さっきの杉の大木の話と同じです。武道では、身動きがとれなくなることを『居つく』と呼びます。居つくことは、危険です。柔軟に動くことが欠かせません」

須貝はここから、「流し」「開き」「入身」といった体捌きの技を順に実演していった。

もちろん、何年もかけて修練すべき合気道の技を2時間のセッションで体得することはできない。そもそも、その短いセッションの中でも実技に割ける時間は限られている。そのため須貝は、基本的でシンプルな体捌きの動きに焦点を当てつつ、わかりやすい説明を加えた。

1　仮に攻撃されたとしても、その相手の力を自分が直接受けないよう、流すように避ける。それが「流し」である

2　攻撃をされると同時に、身体を横に動かすことで攻撃を避ける。それが「開き」である

3　相手からの攻撃を予見した場合、相手よりも先に動き、相手の死角に身を入れることで攻撃を避ける。それを「入身」という

須貝とフィリップによるお手本に続いて、参加者たちが体捌きに挑む。

2人一組になり、右側が攻撃をしかける側、左側がそれに体捌きで対応する側という具合だ。彼らの様子を眺めていると、私も素人ながら、彼らが2つのことができないことに

気づく。

1つは、タイミングをとる、間を掴むということだ。相手の動きを見たり感じたりするよりも、自分のすべきこと（流し、開きや入身など、その時与えられるテーマ）に心を奪われているので自然な動きにならない。自分の台詞を言うことしか頭にない下手な役者のようだ。

もう1つは、体の動きである。いかにも大げさで、軸がなく、ふらついている。彼らは自分たちのできなさ加減も含めて、苦笑し、歓声を上げ、楽しんでいるのだが。

私は、須貝とフィリップにもう一度手本を示すよう依頼した。須貝は、身体の軸をぶらさず、最小限の動きで攻撃を捌く。まるで猫のようにすばやく、無駄なく身をこなす。参加者たちは、驚嘆の声を上げた。自分たちがやってみたうえで、達人の動きを見直してみて改めてその凄さがわかったということだろう。

須貝は、自分の胴体を指しながらこう語り掛ける。

「見えますか？　このあたりが身体の真ん中、コアです。ここに集中してください。流しの時はこう動く。開きはこう、入身はこうです。1つひとつの動きは、体幹をぶらさないことで可能になるのです。だから体幹を鍛える必要があります。私の背筋がいつもまっすぐなのがわかりますか。これが体幹の力なのです」

流し、開き、入身。どの動作も体幹が軸となった円運動のように見える。動きは軽やかで無駄がない。コアを維持しながら、柔軟性を保つ＝レジリエンスのヒントが見えてきた。

そしてもう1つ。「流し」は攻撃を受けたという近い「過去」にどう対応するか、「開き」は攻撃を受けるのと同時の「現在」の動き、そして「入り身」は攻撃を予見した「未来」への対応である。だからこの3つの技は私たちに「時《とき》」との処し方も教えてくれるのだ。山崎繭加の生け花での教えを思い起こす。

精力善用・自他共栄と人格的成長

ひと通りの実技を終えると、須貝はスクリーンの前にすっと立ち、次のような言葉を映し出した。

精力善用・自他共栄
私たちのコアは何か？

「精力善用・自他共栄」は先述の通り、柔道の指導者・嘉納治五郎の言葉である。嘉納に直接師事した武道家・望月稔の流れを汲む須貝は、嘉納から望月へと引き継がれたこの言葉を軸に、さらにセッションを進めていった。

精力善用とは「心身の力をもっとも有効に使用する」という概念である。では、その力を何のために使うのか。それが自他共栄なのだ。自分と他者が共に栄える世の中をつくる。そのために自分の力を最大限に、そしてもっとも合理的に使う、ということだ。

これが自他の「共存」ではなく「共栄」であることが大事だ、と須貝は話す。ただ共に生きればいい、生存すればいいということではなく、共に栄えるということを重視しているのだ。

そのためにはよい競争をする必要があるという。単に「勝ち負けを決める」という次元ではない。たとえば、誰かが社会のためになにかよいことをしたなら、自分はもっと素晴らしいことをしよう。競い合って善を行うことで、社会を適切な方向に進めよう、ということだ。

合気道を含めた武道で究極的に目指すのは、「戦わずして勝つ」という境地に至ることだともいう。この人と戦っても勝てない、この人と戦いたいとは思えない、と相手が感じるような人物になるということだ。これは単に「強い」人間になるということとは異なる。人格的に成熟した人を目指すことにつながる。

武術とは、戦いに勝つための、相手を倒すための「術《すべ》」、すなわち方法や手段のことだ。一方、武道の目標は、勝ち負けを競うことにも、相手を傷つけることにもない。互いに切磋琢磨をし、日々、技の反復練習を繰り返し、人格的充実を図ることにある。その意味で、武道とは教育なのだという。

どのような武道においても、入門して最初に学ぶことが「礼」であるというのも、道理にかなっている。相手への敬意を示すために礼をする。とりわけ合気道は、そもそも相手と和することを目指すものだ。だから、あらゆる人と調和すること、そして自分の力を合理的・効率的に活用し、それを社会のために使うことが、稽古でも強調されるという。

剣の打ち合いや体捌きの実技で、須貝は自身の体幹がきちっと維持され、軸を形成する一方、手足は柔軟で軸を中心に回転するような動きをすることを見せた。参加者は、自らの動きと比較し、須貝の動きに驚嘆したのだ。

揺らがないコアを、バランスの中心に置きつつ、それ以外のものをフレキシブルに動かす。それは、精力善用・自他共栄の土台づくりにほかならない。須貝はそのことをひとりひとりに思い出させながら、シンプルだが大きな問いを投げかけた。

「では、あなたにとって、あるいはあなたの事業や組織にとってのコアは何ですか」

ここから須貝はいくつかの老舗企業の事例を示していく。この事例の構成には、同志社大学社会価値研究センター長として、企業のサステナブル経営を研究する夫・須貝フィリップ教授の貢献が大きい。いくつか紹介しよう。

マネジメントにおける「精力善用・自他共栄」

日本に長寿企業が多いことはプロローグでも触れた通りだが、中でも1000年を優に超える歴史を持つ古都・京都にはいわゆる老舗が無数にある。須貝夫妻の考えるコーポレート・レジリエンス、つまり、コアを保ちながらそれ以外の部分を柔軟に動かすことで、さまざまな苦難を乗り越え、事業を持続・繁栄させていくことの事例には事欠かない。

須貝が最初に紹介したのは、京都の老舗の和菓子屋における取り組みだった。

京都には五亀二鶴という言葉がある。名前に亀屋、鶴屋とつく7つの老舗の総称だ。全国に数多ある亀屋、鶴屋とつく和菓子店の多くは、五亀二鶴からののれん分けであることが少なくないらしい。

須貝はその五亀二鶴から、創業1803年の鶴屋吉信と亀屋良長という和菓子店を選び、老舗がいかに革新を積み重ねて永続しているのかを紹介した。

鶴屋吉信では、餡子《あんこ》などの和菓子素材を用いつつ、洋菓子のマカロンのような新たな触感と風味を持ったカラフルな菓子「いろもなか」を開発し、人気を集めている。

もう1つの亀屋良長は食材廃棄問題に着目、環境負担の小さい菓子の開発に取り組んでいる。和菓子の基本をなす餡子だが、こし餡を作る時は大量の小豆《あずき》を茹《ゆ》でて、小豆の皮を処理することになる。この皮が廃棄物となる。そこで和菓子屋は、粒あんにして廃棄を減らすなど、皮の処理や活用の方法に関するさまざまな技術を積み重ねてきた。

実は洋菓子にも同様の課題がある。カカオからチョコレートをつくる時には、カカオの外の殻を大量に捨てることになる。亀屋良長は、あるチョコレートメーカーと協力し、小豆の皮を生かすための伝統的な技術を応用してカカオの殻を処理することで、廃棄の少ない、新しい菓子をつくることに成功したという。

2つの老舗和菓子屋が、伝統的なものや培ってきた技術を核にしながら、柔軟な発想や座組みで新たな展開に成功したというストーリーは、合気道の実技を経たいまだからこそ、鮮明にイメージに焼き付く。

須貝は、事例を踏まえて参加者に語りかけた。

「誰かとコラボレーションして新しいものをつくるということ自体は珍しいことではないかもしれません。しかし、合気道の教えに倣うとすれば、ここで目指すのは徳、すなわちウィン・ウィンの実現です。精力善用・自他共栄。すべてのエネルギーをよいことに使いましょう、社会のためにエネルギーを使いましょう、自分だけのためでなく、相互繁栄を実現するために、となります」

さらに須貝は、食関連でさらに2つの企業のコラボレーションの事例を紹介した。

緑寿庵清水《りょくじゅあんしみず》は、創業1847年という老舗で、金平糖だけをつくり続けている飴屋である。金平糖は16世紀にポルトガルの宣教師たちが伝えた舶来の菓子で、織田信長などの戦国武将が珍重したことでも知られる。昨今、飴は機械でつくるのが一般的だが、緑寿庵清水では伝統的なつくり方を守り、2週間くらいかけて手づくりしている。

金平糖一筋の緑寿庵清水だが、手づくりとはいえ金平糖そのものは廉価な日常のお菓子にすぎない。小袋のもので1袋600円ほどだ。近年はコンビニエンスストアに行けば多種多様なキャンディーやグミなどが売られ、若者や子どもたちの人気を集めている。金平糖は残念ながらそのままでは次世代の購買者にアピールしない。放っておけば先細りも避けられない。

この緑寿庵清水でも、さまざまなコラボレーションに力を入れてきた。圧倒的に高品質で新しい世界観を持つ金平糖をつくることでブランド力を高めようと、日本酒の酒蔵やサントリーのウィスキー「響」、カカオのメーカーなどと共同で新商品を開発している。こうしたコラボ商品は、オンラインなどでの期間限定の販売になるが、たとえば日本酒の風味を得た金平糖は1万円の値付けでも毎回完売する。高級ウィスキーとのコラボ商品も瞬く間に売り切れるという。

緑寿庵清水の中核は質の高い金平糖づくりにある。そのコアを維持しつつ、あるいは維持するために、柔軟な姿勢で新たな魅力づくりのための革新に取り組んでいるのだ。

もう1つ須貝が紹介したのは、1880年創業の「及善商店《おいぜん》」（本社・宮城県本吉郡南三陸町）と1918年創業の「気仙沼蒲鉾かねせん」（本社・宮城県気仙沼市）という100年以上続く2つの老舗かまぼこメーカーの連携だ。いずれも東日本大震災（2011年）で被災したこの2つの老舗は、「SFP（三陸フィッシュペースト）」を共同で設立した。

先ほどの金平糖と同様、かまぼこも若い消費者へのアピールを失っている。日持ちはしないし、保管には冷蔵庫に入れる必要があるし、食べる時に板から切り離すのも面倒だからだという。

ライバル関係にあった2社は、伝統的なかまぼこの技術と、かまぼこを常温で保存する技術をそれぞれ誇っていた。震災からの復興を目指す中で、互いに魚のすり身に関連するコア技術を生かして手を携え、駅の売店やコンビニエンスストアでも手軽に買えて、片手で食べられるような新しい練り製品を開発して人気を集めているという。

精力善用・自他共栄の考えに立てば、ライバルはお互いに潰し合う敵ではなく、学び合い、活かし合い、共に栄えるパートナーになりうる。競争は共創に昇華し、新たな社会的価値の創造につながる。

身体を使ってビジネスに生きる学びを得る

事例として紹介したこれらの企業の経営者が、みな合気道の経験や心得があるという話ではない。そのような「解釈ができる」という話にすぎないかもしれない。ただ、合気道の技を身体で経験することを通じて、いくつかの理念や考え方が強い印象と共に参加者の学びにつながったことは間違いがない。そして、その学びがこれらの事例と結びついて、鮮やかなイメージを参加者に残したことも疑う余地はないだろう。

後日の振り返りセッションにおいても、参加した世界各国の経営幹部の何人もが合気道の技や体験がものの見方を大きく変える機会となったことを口にしていた。また、最終日、4～5人からなるグループでの特定の日本企業への提言のプレゼンテーションにおいても、須貝が示した「気・体・智・徳・備心」という枠組みを使って研究対象の日本の大企業の分析を試みたチームもあった。恐らく彼らは、これからさまざまな状況に直面した時に、あの場で、身体で覚えたことを生かしてくれるだろう。

「体を使って学べば、学びは深いものになります」と須貝は話す。

新たな思想や方法を、単に頭で知的に学ぶだけでは、本当の意味で使えたり、それこそ身についたりということになりにくい。そして、結局以前の思想や方法に戻ってしまいがちだ。人間の脳は基本的に効率重視で、一度築かれた回路に基づく思考や行動を繰り返すことに向いている。だから何を学んだとしても、実践や練習を重ねてその回路そのものをつなぎ直さなければ元の木阿弥に陥ることとなる。

一方、身体で感じたもの、経験から学んだものは強く印象に残ると須貝は考えている。これまでも彼女のワークショップに参加したビジネスパーソンの中で、合気道からの学びを自分のビジネスに活かす形が具体的に浮かんだと語る人は少なくない。

須貝が行った別のセッションのある参加者は、競合企業との訴訟の渦中にいた。しかし、セッションのあと、「争うのではなく、一緒にできることを見つけていかないか」という内容の連絡を相手にしたそうだ。

須貝は、合気道の実践を通じて、相手を尊重すれば、そして相手と敵対する代わりに協力すれば、もっとよいなにかを生み出せるといった感覚を持つようになると説いた。それが仕事上の課題の解決につながったり、脅威を機会に変えたりすることのきっかけになることも多いという。

実際、状況を嘆いていても始まらない。

漢字圏の人間にとって、英語の「crisis《クライシス》」に当たる言葉は「危機」だ。この言葉が、あぶなさ、あやうさを表す「危」と、兆しやきっかけを示す「機」という2文字から成り立っていることはよく知られている。

そして「危」を「機」にできるかどうかは、私たちひとりひとりの意志と考え方に委ねられる。

講義後の問い

あなたは、なにを
やめますか？
つづけますか？
はじめますか？

- 揺るぎなさ（コア）と柔らかさを両立し
レジリエンスを得るために
- 自らの力を最大限に生かし
社会に価値をもたらすために
- ライバルをも受け入れ、
競争を共創に昇華させるために

第4講

日本酒に学ぶ社会・環境との持続的共生

質を求め、自然と向き合い、場を豊かにするには

次の問いをイメージしながら読み進めてください

- 酒造りの2つの担い手・蔵元と杜氏、それぞれの役割はなにか
- 酒蔵に神棚があるのはなぜか
- 匠と職人は、どう違うのか。道とはなにか
- 自然との共生において日本酒造りが教えてくれることはなにか
- 数百年のスパンでイノベーションとレジリエンスをどう見出すか

時空を超える日本酒探究の旅路

最終日である。参加者は5～6人一組のチームで、この1週間の学びを踏まえ、それぞれに割り当てられた日本の大企業各社に関する調査研究・インタビューを通じて得た洞察と提言をまとめたプレゼンテーションを終えたところだ。ビジネスとカルチャー、両方からの学びが統合されていて、審査員団のひとりを務めた私にとっても学びが多かった。彼らの表情には、安堵感、充実感や爽快感が見える。このあと、1週間を締めくくる打ち上げの立食パーティーが、東京で働くIMDのアルムナイ（卒業生）らも交えた形で行われようとしている。その前の時間に、パーティーへの導入と日本での学びの締めくくりをかねて企画されたのが「日本酒」に関するセッションである。

オークラ東京・高層階の会場には、カウンターの上に青いクロスが敷かれ、6種類の日本酒の瓶、グラスや升、さまざまなフィンガーフードが並ぶ。窓の外には東京タワーなど都心の夕暮れの景色が広がる。私はこの最後のセッションの講師を紹介した。セバスチャン・ルモアンヌ。長身痩躯のフランス人、元投資銀行家である。

「今夜はご一緒できて光栄です。まずは数字の話から始めましょう。1749。この数字の意味がわかりますか」

参加者は思案している。その沈黙に、間髪を容れずルモアンヌが答えを伝える。

「今回ご紹介する6つの日本酒、それぞれを造っている企業の創業年の平均が1749年なのです。これは、日本でしか起こらないことではないかと思います」

秋田県　新政酒造（1852年創立）「No.6」
福島県　大七酒造（1752年創立）「大七純米生酛《きもと》」
東京都　豊島屋本店（1596年創立）「綾スパークリング」
兵庫県　剣菱酒造（1505年創立）「黒松剣菱」
京都府　木下酒造（1842年創立）「玉川　純米にごり」
山口県　旭酒造（1948年創立）「獺祭《だっさい》」

セバスチャン・ルモアンヌ

なるほど、確かに創業年の算術平均は1749年だ。ここから米国独立戦争が始まるまでに四半世紀、フランス革命が勃発するまでに40年待たなければならない、そういう時代である。創業からの平均年数は275。6社合計すれば、1700年に近い経験の蓄積が目の前にあり、これから私たちの舌を楽しませてくれるということになる。

ちなみに、この6つの酒蔵を北から順に車で訪ねるなら1700キロを超えるドライブをすることになる。それはオランダのアムステルダムから、ベルギー、フランスを斜めに走り抜け、スペインのマドリッドに到達するまでの距離に匹敵する。

とてつもない時空の旅路を包含する、90分の利き酒セッションが始まろうとしている。

蔵元と杜氏に魅了されたフランス人

ルモアンヌがフランスのビジネススクールの学生として日本に来たのは1987年のことだ。当時、日本的経営への関心が世界を席巻していた。彼も、ジャストインタイム、カンバン、QCサークルといった生産や品質管理などに関する日本の革新的な手法を学ぼうとしていた。そんな彼が時を経て日本酒に惹きつけられたのは、その豊かな味わいもさることながら、酒造りにかかわる人々に強い魅力を感じたからだった。

日本酒の酒蔵《さかぐら》には通常、重要な役割を果たす2人の担い手がいる。

ひとりは蔵元《くらもと》である。蔵元はオーナーであり、経営者でもある。従業員の採用、酒米の調達、設備の導入や更新、製品である日本酒の販売、マーケティング、ブランディングなどを含めた意思決定をする。

もうひとりが杜氏だ。酒蔵で酒造りにかかわる職人（蔵人《くらびと》）を束ね、酒造りに関する責任を負う。

酒蔵を訪ね、彼らと話をする中で、ルモアンヌは彼らの仕事ぶりに魅了されていった。

「何百年もの伝統を背負っている彼らは、製品に誇りを持っていると同時に謙虚でもあるのです。現状に甘んじることなく、いまよりもっとよくできる、よくしたいという気持ちで日々仕事に取り組んでいるのです」

「酒を造るのではない。育てている」秋田・齋彌酒造／高橋藤一《とういち》

彼に強い印象を残した杜氏のひとりが、秋田県由利本荘市の齋彌《さいや》酒造店（創業1902年）で「雪の茅舎《ぼうしゃ》」を造る高橋藤一である。

1945年生まれの高橋は、18歳から酒蔵で働き始め、31歳で杜氏になった。酒造歴40年以上の彼の言葉は非常に印象的で興味深い、とルモアンヌは続けた。

『酒を造るのではない。育てている』と彼は言います。では彼は何を育てているのでしょうか。日本酒を造る酵母なのです。子どもの声をきくように酵母に接する。酵母の声をきき、酵母を育む。酵母が言葉を発することはありませんが、酵母や環境の変化を敏感に感じ取ることで酵母のメッセージを受け取ろうとしているのだ、と言います」

日本酒は、水の中で米が発酵することで生まれる。その発酵のカギを握るのが酵母だ。杜氏の仕事は「よい発酵のための環境を整えること」というのが高橋の考え方をなす。プツプツ、ブクブクとかすかな音と泡を立てて酵母が働き、質の高い日本酒を醸し出す。そのために必要な条件を整えるのが自分の仕事――そう考えることが高橋を杜氏として際立たせることにつながった、とルモアンヌは考えている。

「完全発酵を目指し、神に捧げる」広島・竹鶴酒造／石川達也

杜氏の多くは、毎朝、酒蔵に設えた神棚に手を合わせてから作業を始める。これは、酒造りには目に見えない存在に任せ、委ねなければならない部分がある、という現実を反映したものだ。

酒蔵の軒先に「杉玉《すぎたま》」が吊るされているのを見かけたことがあるかもしれない。この杉玉は、奈良・三輪明神《みわみょうじん》の大神《おおみわ》神社に由来する。大神神社では毎年11月に開催される「醸造安全祈願祭（酒まつり）」に全国の蔵元や杜氏が集まり、酒造りの無事を祈る。蔵元や杜氏は、三輪山から持ち帰った杉の枝や葉を杉玉にする。杉玉は祈願のしるしであると同時に、新酒ができた頃に軒先に吊るすことで、人々にそのことを伝える役割も果たす。

杜氏が共通して持つ「見えないものへの敬意」についてルモアンヌは、広島県の竹鶴酒造や茨城県の月の井酒造店で杜氏を務めた石川達也に聞いた話を紹介した。日本の伝統的な麹菌を使った「生酛《きもと》造り」の保存に取り組むなど、酒造りという文化継承への永年の貢献から、2020年に杜氏として史上初めて文化庁長官表彰を受賞した人物である。

齋彌酒造店の高橋の言葉とも通底するが、石川も「私が酒を造っているわけではない。私は、ものを動かしているだけだ」と言う。実際に酒を造るのは人ではなく、微生物、つ

まり目に見えない存在であると認識し、それを生かそうとしているのだ、と。

石川が探究する生酛《きもと》造りは、現代につながる酒造りの伝統が完成した江戸時代中期（1700年前後）の手法だ。石川は、明治時代（19世紀後半から20世紀初頭）に発明された速醸《そくじょう》仕込みも、山廃《やまはい》仕込みも研究している。「速醸」とは麹、米、水に酵母と人工の乳酸を添加して、酒のもとになる「酒母《しゅぼ》（もと）」「醪《もろみ》」を造り、効率よく日本酒を完成させる。一方より化学的なアプローチで、現在、日本酒醸造現場の9割で採用されているという。

これらさまざまな方法を試みた石川が辿り着いたのが生酛造りなのである。石川は、天然の乳酸を使ってより手間と時間をかける生酛造りこそが最良であり、もっとも個性的な酒につながると確信する。

彼が酒造りで人生をかけて目指しているのは「完全発酵」だ。米と水と微生物のよさをすべて引き出す。酵母の力を真に引き出し、米を完全に発酵させる。その年に収穫した米、その時に使う水、蔵の気候や温度を考慮して、酵母の働きを最大限引き出すための環境をつくり出す。それが味や風味、品質、そして飲む人の健康にも最良のものとなると石川は考えている。こうした環境の多くは、目に見えるものではないし、人が完璧に管理できるものでもない。完全発酵とは、特定の味や風味を目指して発酵を完全にコントロールするという意味ではない。

だからこそ杜氏は神に祈る。石川は次のように説明している。


古来、お酒は神に捧げるものでした。

それは、酒造りに、「作」ではなく、「造」という漢字をあてていることからもわかります。

「造」の字には、「祈りを込めてつくる」という意味があり、お酒以外にも、たとえば建造や造船といった大きなモノづくりに「造」の字が使われています。

昔の人は大きいものに、人智の及ばない畏怖を抱いていたのでしょう。だから、祈る。家なら地鎮祭や上棟式、船なら進水式、と儀式がともなうのもその表れです。

お酒もおなじで、酒造りには、人間の力を超えた領域がある。

だからこそ、自然の摂理に則って精一杯力を尽くしつつも、祈る。

お酒とはやはり授かりものなのです。


（出所：竹鶴酒造ウェブサイト）

画一化や標準管理、産業化といった、通常のビジネスのアプローチとは異なる。目に見えない酵母の力を最大限に引き出すために、いまある環境を酵母にとって最高の状態に持っていこうとしている。杜氏としての彼が目指すのは、そうして完全な発酵ができる瞬間を捉えることだ。

そして、それは、終わりのない探究のプロセスでもある。

匠と職人の違いはどこにあるのか——4つの要素

「今週みなさんは、匠《たくみ》という言葉に触れましたか」

ルモアンヌが参加者たちに語り掛けた。

彼らは首を横に振った。

「みなさんの国々にも職人と呼ばれる人たちがいるでしょう。匠というのは、英語でいうクラフツマンに近い。しかし、それとは次元の違うニュアンスがあります」

ルモアンヌは説明を続けた。

「どちらも、長年の鍛錬に根差す高い技術的なスキルを持っています。しかし、匠は仕事に対するより包括的なアプローチを持っていて、多くの場合、自然の営みや目には見えないものに対する真の畏敬の念や、それに伴う精神性を体現しているところが際立っていると私は思います」

匠は、「巧み」、すなわち熟練した人や技巧を表す概念だが、ルモアンヌはこれを4つの要素に分けて改めて解説した。

1　高度に熟練した技術を有していること
2　包括的なアプローチを採っていること。使用する素材はもちろん、道具や設備、共に働く人たち、そして、さらに広く自分たちの事業にかかわる自然環境や社会にも深い注意を払っていること
3　生き方として仕事に全身全霊を捧げていること
4　その熟達への歩みが、日本の特徴的な概念、「道」に通じていること

道を歩むとはどういうことか――つなぐ、引き継ぐ

ルモアンヌは日本酒を造る杜氏の多くに「匠」の姿を見ること、そして彼らに「道」の精神を強く感じてきたことについて話を続けた。

「『道』という言葉は、技巧を身につけ真に熟練するまでの過程を指しています。『みち』あるいは『どう』と読みます。日本では柔道や茶道などさまざまな分野で使われています。仕事に当てはめるなら、それは決して自分の作業に満足することなく、究極の形を目指す、終わりのない旅路を意味します」

ルモアンヌの「道《どう》」という言葉に、複数の参加者が反応した。

「アイキドウ。合気道にも道が入っている」

「生け花のカドウは？」

「あるいは、ブシドウはどうだろう？」

今回の滞在中に、この国のさまざまな伝統文化に触れた参加者たちも、何度となく「道」という音を耳にしていたことを思い出しているようだ。

「道とは、道筋、歩みといった意味を持ちます。達人への旅路というニュアンスもあります。他者を蹴落として自分が一番になるのではなく、自分が提供しうるものの頂点や極みを目指すこと。それは、人生における姿勢であり、究極の人格的成長とも言えるものです」

ルモアンヌは、匠の域に達していると彼が感じる杜氏の名前をもうひとり挙げた。農口尚彦《のぐちなおひこ》である。

1932年に石川県に生まれた農口は、16歳で酒造りの道に入り、90歳を超えたいまでも「理想の日本酒」を求めて酒造りに取り組んでいる。もっとも有名な杜氏のひとりで、「酒づくりの神様」とも呼ばれ、「全国新酒鑑評会」では27回の金賞に輝き、厚生労働省選出の「現代の名工」にも選ばれている。彼の功績の1つは、廃れかけていた「山廃仕込み」の復活に寄与したことである。

農口は1961年に菊姫（創業は天正年間、16世紀末）の杜氏に就任し、定年まで勤めたのち、65歳からの15年間は鹿野《かの》酒造（創業1819年）で杜氏を務めた。そこで酒造りからいったん引退したのだが、家で何もせずにいるのは難しかったという。請われて別の酒蔵で杜氏を務めたが、2017年、石川県小松市に旧来からあった酒蔵を名称変更し、「農口尚彦研究所」として再出発させ、自身も杜氏として復帰した。そして同年12月、85歳の誕生日を迎えた翌々日に新しい酒を発表した。

農口が復帰した目的の1つは、70年以上の醸造経験で獲得したすべてのスキルを若い醸造家たちに継承することにある。おそらく、彼らは、農口の言葉だけでなく、彼の立ち居振る舞いのすべてから匠を感じ取ることになるのだろう。

「酒造りは一生かけても『わかった』ということはないし、自分の技術を見せるものでもない。どうしたらお客様を喜ばせることのできる深い酒を造ることができるのかを追究してきた。死ぬまで酒を造り続けたい、と農口さんは言うのです」

もし関心があったら、「NOGUCHI―酒造りの神様」という映画をご覧になることをお勧めする（さまざまな動画配信サービスで観ることができる）。

9月から翌3月の半年間、蔵人、あるいはそれを目指す者たちが全国から農口のもとに集う。酒造りの経験も年齢もさまざまだ。その半年間は酒蔵に隣接する合宿所に住み込んで共同生活を行う。醸造プロセスの確認や管理、介入は、まさに昼夜を問わない。経験の浅い若者たちは、農口の、そして先輩蔵人の一挙手一投足に学ぶ。農口が厳しさを持って酒造りに取り組んでいることは言うまでもない。

しかし、先の映画ではそれ以上に、彼の余裕やユーモアのセンス、そして他者に対する慈愛の念が印象に残る。後進たちになにかを伝え、引き継ぎたいという意志、弟子たちひとりひとりに対する目配り、経験豊かな蔵人に対する信頼、そして合宿所の食事を日々提供するスタッフへの思いやりまでもが映像を通して伝わってくる。

神に捧げる酒の歴史——そもそも人間の力だけでは造れない

日本酒の歴史と成り立ちについて、ルモアンヌの講義も踏まえて、まとめておこう。

日本酒は日本の文化と深くかかわっていて、酒造りには単なる「飲料ビジネス」に期待されるものをはるかに超えた哲学や思想が潜んでいる。そのことを、私自身、彼との出会いがなければ知らなかっただろうし、日本人でもその知識・認識にはかなりの個人差があるだろう。

「昔から日本では新郎と新婦が、酒を飲みながら結婚の誓いを交わす風習がありました。日本酒は神への捧げものという位置付けになっているからです」

日本最古の酒は紀元前4000年頃（縄文時代）にまで遡るという。米を原材料とする日本酒の起源は具体的にはわかっていないものの、のちの『古事記』や『日本書紀』『播磨国風土記』『大隅国風土記』などの文献に酒についての記載がある。

古代から日本酒は、神聖なものであり、神に捧げるものだった。日本酒発祥の地といわれている土地は複数あるが、その1つが先に「杉玉」のところで触れた奈良県三輪の大神神社である。

奈良時代（8世紀）に完成したとされる『日本書紀』には、三輪山《みわやま》（三諸山《みもろやま》とも呼ばれる。〝みもろ〟は神の降臨する聖地）を御神体とする大神神社にまつわる話が残されている。

いわく、崇神天皇の時代（3世紀後半から4世紀初頭といわれる）、国に疫病が流行した。ある日、崇神天皇は神からお告げを受け、その通りに神酒を奉納したところ疫病がおさまった。この神酒を造った杜氏の高橋活日命《たかはしいくひのみこと》は、大神神社の摂社「活日神社《いくひじんじゃ》」に祀られるようになった。このことから大神神社は古来「酒造りの神様」として信仰を集めている、と。

古代の日本酒は現代とは造り方が異なる。当時は唾液に含まれる酵素を使用して、米のデンプンを糖に分解（糖化）し、それを発酵させることで酒を造っていた。炊いた米を口に含み、器に移して発酵させていたというわけだ。これは「口噛みの酒」と呼ばれており、人気を博したアニメ映画「君の名は。」でも描かれているので、そのシーンを思い浮かべる人もいるだろう。口噛みの酒は、米粒が多く残った、白濁した酒であったと考えられている。

4世紀頃、おそらく中国から製法が伝わり、米のデンプンを糖化する際に麹菌（カビの一種）が使われるようになった。蒸した米にカビを生やし、根を張らせてつくった麹菌に米と水を加え、同時に酵母（微生物の一種、イースト）も加える。麹菌が持つ酵素の働きにより、デンプンを糖に分解し、分解された糖が酵母の働きでさらにアルコールへと分解されて日本酒が造られる。米麹《こめこうじ》は醤油や味噌、みりんの製造にも使われており、日本の食文化の中で極めて重要な役割を果たしてきた。

中世には、酒造りの技術は神社や寺院で発展した。江戸時代中期（18世紀頃）になると現代とほぼ同じスタイルの製法が確立する。これにより日本酒の大量生産が可能となり、おいしい水が豊富に得られる灘や伊丹（共に現在の兵庫県）などが一大生産地として知られるようになった。

日本の近代化を目指した明治新政府は、酒造りを促進するために醸造試験所（現在の独立行政法人酒類総合研究所）を1904年に設立し、発酵・醸造技術で先を行く欧州の化学者を招いた。そこで醸造に関する研究や技術改良を行い、講習の提供にも取り組んだ。高品質の酒を安定的に造ることを目的に、優れた酒の酵母を特定する研究も進んだ。昭和にかけては精米や温度調整、品質管理の技術も発展し、生産量は伸びていった。

神の酒を支える米・水と微生物

日本酒造りには、よい米、よい水と、目には見えない微生物の力が欠かせない。材料が整っただけでは、おいしい酒にはならないのだが、それでもよい材料はとても大事だ。

それらについて少し補足しておこう。

よい米

日本酒に使われる米は、山田錦などの「酒米《さかまい》」、正式には「酒造好適米《しゅぞうこうてきまい》」と呼ばれるものだ。酒米は食用米よりも粒が大きく、米の中心にある「心白《しんぱく》」と呼ばれる白い部分が発達していることが特徴である。心白にはでんぷんが多く含まれていて粘度が高く、麹造りに重要な役割を果たす。したがって、米の表面を「削る」ことを通じて、心白部分の純度を高め、でんぷんの割合が高く水に溶けやすい原料へと加工していくというアプローチが生まれる。これを「米を磨く」とも言う。

米には糖は含まれない。そこで日本酒では、前述の通り麹菌による糖化を行うのだが、これと並行して清酒酵母を使ったアルコールへの分解も行う。これを並行複発酵と呼ぶ。参考までに、同じ醸造酒の仲間であるビールやワインと比べてみよう。

ビールの原料である麦も糖を含まないのだが、ビールは麦芽により糖化した後からビール酵母で糖分をアルコールへと分解する単行複発酵だ。これに対し、日本酒の並行複発酵は腐敗リスクが低く、アルコール度数も高くなる。

ワインの場合は、収穫したブドウを絞れば糖分を多く含む果汁ができる。このブドウ果汁を発酵に適した環境に置いて、ブドウ畑やブドウの果皮（赤ワインの場合）、醸造所内の建物や樽などにあるワイン酵母などを使って自然に発酵を起こし、アルコールに変えていく。これは単発酵と呼ばれる。

日本には約260種類の米があるが、そのうち約100種類が酒米ないしは酒用に栽培されている。食事用の米からもおいしい日本酒はつくれるが、もっとも繊細で芳《かぐわ》しい酒は酒米からつくられる。食用のブドウとワイン用のブドウが異なるのと似ている。

よい水

水は、米と並んで酒造りにおいて極めて重要な材料である。日本酒は80%が水、15%がアルコールで、残りの5%が糖、有機酸、エステルなどの酒の風味や香りを形成する他の成分でできている。ブドウの果汁から造るワインと違い、日本酒は材料である米から水分が出るわけではない。酒造りでは主に蒸した米と米麹に水を加えて酒を仕込む。そしてこの仕込む水（仕込水）の質が酒の質に大きな影響を与える。だから日本酒造りには良質な水が欠かせない。古くから「名水あるところに銘酒あり」とされてきたように、酒蔵は良質な湧き水のある地域に集中している。

良質な水は魔法のように簡単に手に入るわけではない。酒蔵に井戸があれば、それを管理する必要もある。井戸を清潔に保ち、毎年、良質な水が汲めるようにすることが欠かせない。今年、来年の話ではなく、何十年先、何世代も先にも同じ質の水が必要だ。そうした持続可能性を担保するには地下水にも気を配らなければならないし、その地下水がどこから来るのか、どのように生み出されるのかなど、地域全体の生態系に関心を持ち続け、自然環境に配慮をし続けなければならない。

よい米をどう調達し、それをどう磨いていくのか。

よい水をどう確保し、未来につなげるのか。

そして、微生物の力をどう活かしていくのか。

よい材料は必要条件である。そのためには、自然環境や生態系の維持が不可欠だ。でもそれだけでは酒はおいしくならない。自然に潜む「見えない存在の力」をどう引き出していくのか。酒造りとは人間の営みであると共に、人智を超えるなにかとの協働作業ということなのだろう。

止まった時計――持続と継承を目指すためのイノベーション

酒造りには杜氏だけでなく、酒蔵の経営者である蔵元の力も欠かせない。長い歴史を持つ酒蔵は、さまざまなアプローチで事業の継続に挑んできた。

ルモアンヌが例として取り上げたのは、白樫《しらかし》家が経営する剣菱酒造であった。兵庫県神戸市にある剣菱酒造は、室町時代後期の1505年に創業し現在に続く、日本でももっとも古い酒蔵の1つだ。この老舗中の老舗が掲げる企業理念が、「止まった時計でいる覚悟と信念」である。

剣菱酒造の現社長である白樫政孝はこの理念について次のように説明する。

流行を追い、流行についていこうとすると、どうしても一歩遅れが生じます。そして、遅れている時計は、一日に一度として時間が合うことはありません。しかし、止まっている時計は、一日に二度、ぴったりと時間が合います。

「お客さまの好みは時代とともに移るけど、必ずまた戻ってくる。だから、自分たちが自信を持つ味をしっかりと守り続けなさい」という意味が、この家訓には込められています。

（出所：剣菱酒造ウェブサイト）

500余年の長い時間の中では、さまざまなものが変化する。近年は気候変動により良質な酒米が取れにくくなっているという。かつてない高温が続くことで、酒米が十分に受粉できずに生育が悪くなったり、酒米に含まれるでんぷんの性質が変化し、水に溶けにくい米ができてしまったり、といったケースが生じている。

そうした中でどのように同じ味を保てるのか。剣菱酒造は味を変えないために、酒造の工程を工夫することで対応している。たとえば、剣菱では木製の道具を可能な限り導入してきた。米を炊く蒸し器、櫂《かい》をはじめ、麹蓋、麹箱など、麹室《こうじむろ》で使用するものはできるだけ木製を使い続けている。

21世紀の今日、こうした木製の道具を拵《こしら》えたり直したりする人を見つけるのは極めて難しい。そこで剣菱酒造ではそのために自ら職人や職工を雇い、自社内に木製の道具の製造や修理のための工房まで開設した。

同じであり続けるために、変わり続けなければならない。ルモアンヌは続けた。

「道具と、それを巧みに使いこなす職人。そのどちらが欠けてもよい酒は造れない、というのが剣菱の考え方です」

剣菱酒造の、止まった時計でいるための取り組みの1つに「酒のブレンド」がある。明治期、日本酒にかけられる酒税は政府の大きな財源となった。新しく造った酒だけでなく、蔵に貯蔵する古酒も課税の対象となったことで、歴史ある酒蔵も古酒を手放さざるを得なくなった。こうして日本酒の熟成文化は失われ、古酒そのものが廃れてしまった。

しかし、制度も時代も変わり、古酒を見直す動きも起こっている。剣菱酒造では長年の古酒の在庫を持ち、これらを巧みにブレンドした酒造りを守り続けている。

「150年前の正確な味は、もはや誰も知りません。しかし、剣菱酒造はその味と文化を継承しようとしています。彼らはトレンドを追おうとはしません。人の嗜好は変化する。でも、錨のようなにかが製品にあれば、人はまたそこに戻ってくる。そんな製品を持つことに価値があると考えているのです」

ルモアンヌ自身、一度は離れた剣菱の酒だが、最近また飲むようになったと笑った。

「剣菱酒造のビジネスでもう1つ重要なことがあります。それは顧客が少し背伸びすれば手に入る、高くも安くもないレベルに価格を設定しているところ。顧客は酒蔵の大切なステークホルダーであり、余剰を顧客に還元したいという思想がそこにはあります」

剣菱酒造に限らず、酒蔵の掲げる経営理念には、純潔、誠実、正しいオーナーシップといった道徳的価値や美徳が含まれることが多いという。ルモアンヌにとっては、それが日本酒の世界をさらに特別で意義深いものに感じさせる。

酒造りの担い手——覚悟と矜持

「90年代に日本に来た当時の私の主な趣味は、フランスワインを日本料理に合わせることでした。それがいつしか、日本文化と日本酒に強く惹きつけられた。それは、日本酒造りにかかわる人たちが極めて本物《オーセンティック》だったからです。昔も今も、彼らは控えめで、温かく人を迎え入れてくれる。それでいて、伝統に根差す誇りを強く持っている。私には、彼らの目標が単に利益を生み出すことを超えたところにあるように見えます」

元投資銀行家の彼が言うと説得力も増す。では、酒蔵の目標はどこにあるのか？ひとりの参加者が考えを口に出した。

「次世代に残したいということ？」

ルモアンヌが頷《うなず》く。

「そう、ヘリテージ。蔵元や杜氏が大切にしていることは、次につなげることです。彼らは、なにより持続と継承に価値を置いています」

杜氏や蔵人の持つ仕事と人生に対する考え方、蔵元の商いに関する理念や価値観の大部分は、短期的な利益の最大化や右肩上がりの事業成長の追求などよりも「どうやって持続・継承するのか」ということで占められており、それが素晴らしい人間を育むことにつながっている。ルモアンヌはそう考えている。

私は、「ジェネラティビティ（generativity）」という言葉を思い出す。米国の発達心理学者エリク・H・エリクソンが1950年に、「次世代を導き確立することへの関心」を指す概念として提唱した造語で、中年期の心理社会的発達課題とした。日本では「世代継承性」と訳されることが多い。高齢者の次世代に対する利他行動は、自分の生きた証しを次世代に残し、社会的役割を譲り渡すプロセスでもあり、だからこそ彼ら自身にとっても心理的ウェルビーイングの向上や死の受容、さらには長寿といったポジティブな影響を生むという。

米国の心理学者アブラハム・マズローが定義した人間の欲求の5段階モデル（低次なものから順に「生理的欲求」「安全欲求」「社会的（親和）欲求」「承認欲求」「自己実現欲求」）は広く認知されている。しかし、彼が晩年にそれよりさらに高次の第6階層の欲求の存在を探究したことは、あまり知られていない。それが、「自己超越欲求（transcendence）」であり、「世代継承性」と隣接した概念だと私は思う。

だから、持続・継承を目標に置いたり、そもそも「匠」を目指したり、「道」を歩んだりすることが個人と組織のウェルビーイングの維持向上につながるとしても、不思議はない。そして、その道を歩む蔵元や杜氏に、フランスの元投資銀行家が惹かれることも納得できるし、彼の立ち居振る舞いにも彼らからの影響を強く感じる。

映画の中の農口が「日本酒の鬼」であると同時に「日本酒の神様」でもあり、厳しさだけでなく好々爺然とした笑顔を見せていたことを改めて思い出す。

世界へ、新しい地平を切り拓くためのイノベーション

では、その持続・継承は、全体的にはうまくいっているのだろうか。実は、マクロで見ると日本酒は極めて大きなチャレンジに直面している、とルモアンヌは語る。

「日本酒は深い危機に陥っています。この国では日本酒は、飲み物としてほとんど隅に追いやられてしまった。日本中に無数にあった酒蔵も、1100軒しか残っていません。よそから酒を購入して、自社ブランドで瓶詰めして販売する業者はたくさんありますが」

日本における日本酒の平均消費量は1人当たり年間約3・9リットル（2021年）だという（出所：国税庁「酒のしおり」）。ポルトガルでのワインの1人当たり年間消費量は50から55リットル、フランスやイタリアでも40リットル前後というから、日本において日本酒がいかにマージナルな飲み物になってしまっているか、驚く。

参加者のひとりが手を挙げて質問した。
「では、日本人は何を飲んでいるのですか?」
「一番飲まれているのはビールです。その次が蒸留酒をソーダ水で割ったような安いカクテル。チューハイとかサワーとか呼ばれるものがここに入ります。この50年間で日本酒の生産量は7割も減りました」

今後さらに加速する日本の少子化・高齢化と人口減少。その中での日本酒の著しい退潮。放っておけばここにビジネスとしての未来を描くことは難しい。しかしここで、その流れに抵抗し、新たな流れを生み出している酒蔵がある。山口県岩国市に拠点を持つ旭酒造(1948年創業)だ。その看板商品として世界的に知られるブランドとなったのが「獺《だっ》祭《さい》」である。そのアプローチは、剣菱とは対照的だ。

ルモアンヌ自身が日本酒を知り、酒に興味を持つようになったのも、旭酒造の桜井博志(現・会長)と出会い、日本酒にまつわるあれこれや酒造りの話を聞いたことがきっかけだった。獺祭の試飲もさせてもらい、その味にすっかり魅了されたのだという。

先述の通り、日本人は日本酒をあまり飲まなくなり、その消費量は1973年をピークに減少している。旭酒造の経営も1980年代以降、苦境に立たされた。地域で四番手の酒蔵に甘んじていても成長は見込めない。大消費地・東京への進出を目指し、社運を賭けて開発したのが獺祭だ。

新しい酒は、酒米を可能な限り磨き上げたクリアな味わいを目指した。若者や女性などそれまで日本酒を飲まなかった層にも訴求したいと考えた。獺祭では酒米の磨き方に、「磨き二割三分」「磨き三割九分」などとバリエーションを設け、それを商品名として明確に表示し、それまでにはない飲みやすさを際立たせた。これが人気につながった。

旭酒造の特筆すべき点は他にもある。杜氏への依存から脱却し、属人的な酒造りからあえて離れたことだ。

酒造りは、伝統的に杜氏とその下で働く蔵人たちという職人の集まりによる、いわばプロジェクト型で行われてきた。酒の仕込みは寒い冬に行うため、夏は農業に従事する人が、農閑期に入って期間限定で出稼ぎなどにより酒を造るというケースが一般的だ。そして酒造りの製造に関するすべての権限と責任はプロジェクトリーダーである杜氏が持ち、オーナー経営者である蔵元は販売に専念するという体制が主流だった。

苦心の末に画期的な酒を造り出した旭酒造だが、1999年に新規の地ビール事業に失敗し、経営不振に陥ってしまう。そのため大事な杜氏が離れていった。やむなく、杜氏に頼らず、愛される酒を造る、という新たな挑戦に取り組むことになった。

旭酒造では、思い切って酒蔵の設備を刷新する決断を下す。微妙な量の水の投入など、杜氏が培ってきた伝統的なノウハウを手がかりに、日々、実験と検証を重ねることで温度と発酵のベストな状態を数値化し、最低限の人員を駆使して徹底的に管理する体制を整えていった。ただし人手をかけずになんでも工業化していこうとするのではなく、米を洗い、磨くという獺祭のこだわりのある作業の部分にはむしろ多くの人員を配置する。そうした独自の酒造り手法の開発により、安定して質の高い酒を生み出すことができるようになった。逆境を活かし、イノベーションを行い、独自の酒造りのプロセスをつくり上げたのだ。

旭酒造は、製法のみならず売り方においてもイノベーションを起こした。獺祭を純米大吟醸という最高級グレードの酒に特化させることで、高付加価値化、ブランド化を図ったのだ。そして、日本酒の消費量が減る一方の国内市場だけにこだわらず、2002年の台湾進出に始まり、米国、フランスへと販路を拡大していった。世界進出によるリスク分散とリターンの希求である。食事との相性がよく、ワインとは異なる味わいを持つ獺祭は、フランスの星付きレストランなどでも徐々に人気を集めるようになった。著名な料理家であるジョエル・ロブションともパリ中心地で「Dassaï Joël Robuchon（ダッサイ・ジョエルロブション）」という共同事業を行うなど、美食の国で高い評価を得ている。

獺祭の直近の売上高は、約195億円（2024年9月期決算）で、そのうち海外への輸出額は56億円となっている。一方、2023年度の日本酒の総輸出額は、410億8000万円（日本酒造組合中央会調べ）である。母数がまだまだ小さいとは言え、獺祭が占める割合の高さがうかがえるだろう。90年代前半に従業員10人あまりだった小さな酒蔵は、製販両面での独自のイノベーションとグローバルな市場の創造で、250人規模の組織へと成長した。日本酒の世界で、他に類を見ない成功である。

獺祭ブルーという挑戦

ルモアンヌがナビゲートする利き酒セッションも、4つ、5つと杯を重ねてきた。世界各国から集った参加者たちも、日本のさまざまな地域・種類の酒を味わいながら、ほろ酔い加減となり、勢いおしゃべりにも花が咲く。ひとりが創造的な問いを投げかけた。

「日本以外で、日本酒を造ることが許されている場所があるのでしょうか」

これは、ルモアンヌが最後に用意していた日本酒を紹介するための、台本にはない、しかし完璧な前振りとなった。彼は答えた。

「日本酒は、日本の米から日本の水で醸造され、日本で瓶詰めされた酒のことを指します。そういう意味で、日本酒は本来、GI（地理的表示、Geographical Indication）です」

一方、第二次世界大戦後、神戸のいくつかの大手酒蔵メーカーが米国に進出、工場を建てたという。ルモアンヌは、「あえて『工場《プラント》』と呼びますが」と加えたうえで、米国で比較的安価な、いわば工業製品としての日本酒が手に入るようになったと続けた。ただ、それとは違うアプローチが最近試されるようになってきているとも言った。

「今日、米国では『クラフト日本酒』の文化が発展しつつあり、これは大変興味深いものです。クラフトビール、クラフトワインなど、有機的な製法でナチュラルなアルコール飲料を造ろうという流れともつながるものです」

そう言いながら、彼が紹介したのが、「DASSAI BLUE（ダッサイ・ブルー）」だ。ニューヨークの水を使い、ニューヨークで醸造された酒だと彼が言うと、参加者たちからは歓声が上がった。

獺祭で欧米での日本酒ブームをけん引してきた旭酒造は、2023年9月、ニューヨーク州ハイドパークにある料理専門大学、カリナリー・インスティテュート・オブ・アメリカ（CIA）の敷地内に醸造所（酒蔵）を開設した。現時点ではまだ日本産の米を使っているが、将来的には米国で栽培した山田錦を使う計画をしている。名前の由来は「青は藍より出でて藍より青し」にある。弟子が師より優れていることを指す諺にインスピレーションを得ることで、これまで米国でつくられてきた工業製品的日本酒を複製するのでも、また日本で造ってきた獺祭の単なる模倣に陥るのでもなく、新たな地平を切り拓きたいという思いを込めたのだ。

おいしい、と私は感じた。ここには希望がある。それは飲料ビジネスとしての可能性だけではない。酒造りが、それを支える世界観や自然観、生態系の維持と尊重、「見えないもの」とのつながりの意識などをも携えて、国境を越えてさまざまな地域に根を下ろしていくようになれば、真の意味で「オルタナティブな在り方」が広がっていく、ということになるのだから。

新しい造り手と新しい消費者と

日本酒産業が廃れていった原因は複数あるが、大きく言うと2つに分けられるという。

1つは、酒米の統制や農地解放による農地の分散や減少といった原材料の調達への制約や、明治期以降の酒税制度など、政府の政策に翻弄されてイノベーションが制限されてしまったこと。在庫への課税によりどの酒蔵も熟成酒を処分せざるを得なくなった時期があったことは前述したが、それにより酒蔵の多くはその年に売れるぶんだけ造って売り切るというビジネスモデルへの転換と依存を余儀なくされた。

もう1つは、第二次世界大戦以降に日本の生活の西洋化が加速し、アルコール飲料の消費がビールやウィスキーなどの洋酒主体になったこと。政府が酒類の海外からの輸入への規制を緩めたり、関税を下げたりしたことも日本酒の衰退と酒蔵の減少に拍車をかけた。

結果として各地域の富裕な酒蔵だけが生き残ることになり、明治期に3万軒以上あった酒蔵は1945年には約3200軒、現在は1100軒だという。

しかし、ルモアンヌは、日本酒の未来に希望を持っている。

「私は、日本酒がいまほどおいしく、多様であったことはなかったと心から信じています。今夜試していただいたように、食前酒として優れているもの、口当たりよく飲みやすいもの、アルコール度数が低いもの、濁り酒もあればスパークリングもある。実は、こうした日本酒の世界の変革の大切な担い手に女性と外国人がいるのです。酒にかかわる人材の多様化が、日本酒を動かしています」

1970年代半ばまで、女性は酒蔵に入ることができなかった。さまざまな迷信が働いていた。いわく、女性は日本酒の神々を嫉妬させる、女性は不浄であり酒造りに携わるべきではない、などである。酒蔵の多くが地方の中小規模のファミリービジネスであり、そこでは父から息子、あるいは娘婿へと経営が受け継がれることが基本であった。しかし、少子化の流れもあり、他の産業の中小・同族企業同様、事業継承が大きな課題となった。その中で時とともに「男性でなければ」という因習から自らを解き放ち、兄弟姉妹で蔵元や杜氏として共に働くケースや、女性が蔵元を、男兄弟が杜氏を担う酒蔵も出てきている、という。

ルモアンヌは、彼がその活躍に感銘を受けている女性を2人挙げた。

ひとりは、広島県・今田酒造本店（創業1868年）の今田美穂である。今田は父が病気になった際に蔵元を引き継ぎ、数年後には杜氏にも就任した。彼女は稲種《いなだね》の復活や精米の革新など多くの面で改革に挑んでいる。今田は、地元広島の機械メーカー、サタケの新型精米機を使って精米しているのだが、この機械では従来の「球形精米」以外にも「原形精米」「扁平精米」といった形状の異なる精米が可能となり、それにより味わいの違いが生み出せる。新しい技術で精米の方法を変えた今田酒造本店は、2019年に「GENKEI（ゲンケイ）」と「HENPEI（ヘンペイ）」という新たな味わいが楽しめる酒を発売した。

もうひとりは日本でも伝統文化がもっとも豊かに受け継がれてきた京都府で初めて女性の杜氏となった向井久仁子である。向井は1754年創業の向井酒造で13代目蔵元の長女として生まれ、1999年から杜氏を務めている。酒蔵で自分の場所を見つけるのは大変だったそうだが、向井は大学時代の研究をヒントに、古代米を使用した日本酒造りを諦めなかった。そしてそれが「伊根満開《いねまんかい》」という、ロゼワインのような鮮やかな色合いを持つ新たな日本酒の誕生につながった。ルモアンヌはこれまで「伊根満開」を数百人の外国人に紹介してきたが、誰ひとりとして嫌いという人がいないほどの人気だという。

「女性の醸造家はまだごく少数派だが、彼女たちから多くの革新が生まれていることは間違いない。彼女たちは新しいロールモデルになっています」

そして、こうも続けた。

「実は、これが日本の特徴でもあります。長く続いてきた物事を変えるのは本当に難しい。でも、日本人は変わると決めたら、あっという間に、面白いくらい変わる。そして後戻りしないのです」

外国人として初めて杜氏となったのは、英国出身のフィリップ・ハーパーだ。新しい杜氏探しに苦心していた京都府久美浜の木下酒造（創業1842年）で、2007年から杜氏を務めている。オックスフォード大学を卒業し、英語教師を派遣するJETプログラムで1988年に来日したハーパーは、日本酒に魅せられ、教師をやめて酒造りの世界に入った。ユニークな経歴を持つこの英国人は、廃業の危機にあった地方の伝統的な酒蔵に新しい風を吹かせ、全国新酒鑑評会で金賞を受賞した初めての外国人となった。

「彼は、まず奈良の酒蔵で10年間、酒造りの時期は1日も休みなく働いた。酒造りの『道』を歩むことを選んだのです」

外国出身者や海外との接点が日本酒の未来を創る。そのことはもはや疑う余地がないだろう。

ルモアンヌもまた、日本酒の未来を切り拓く外国出身者のひとりである。

日本酒には伸びしろしかない

このセッションとは別に、日本酒の未来についてルモアンヌと語り合う機会を得た。

そこで私が悟ったことは、大きく2つある。

1つは、日本酒という世界がいま、大きな移行の時期にあり、また、豊かなイノベーションの時期にある、ということ。もう1つは、日本酒が世界の大きな移行に貢献する可能性がある、ということだ。

この章の締めくくりに、まず日本酒という世界の移行について触れたい。

ルモアンヌはこう語った。

「同じ醸造酒でも日本酒はワインとは大きく異なります。まず、熱燗でも冷酒でもよし、と飲む温度に幅がある。器も陶磁器、ガラス、金属のぐい呑み、漆器でもよい。もちろんスギやヒノキでできた升もいい。器を変えるだけで異なる体験が生まれてくるのです」

ワインならば、ソムリエに聞けば、ワインの種類ごとに一番適した温度や、どの形状のグラスで飲むといいかを教えてくれる。食事でも、魚料理に合うのは白ワイン、肉料理に合うのは赤ワイン、とある程度決まっている。しかし、日本酒は野菜にも魚料理にも肉料理にも合うし、一緒に食べる料理によって風味が変わる。つまり自由度が高い。

日本酒の温度や器についても、フランス人のルモアンヌに言われて改めてその自由度の高さに気づかされる。私たち日本人は日頃、そのことをあまり意識しない。私たちが忘れがち、あるいは見過ごしがちな日本酒の多様性や自由度が、ルモアンヌをはじめとする外国人を魅了していることに驚き、啓示を受ける。

「日本酒は甘くも酸っぱくもない。その味わいはダイナミック（dynamic）、動的です。最初は甘みで始まり、その甘さがバランスのよい酸味に変わり、苦みでフィニッシュする酒もあるし、その逆もある。この秘密は、微生物の力を借りて米を発酵させて生まれる

『うま味』です。蔵人たちは、酒造りの各工程をマスターするだけでなく、発酵という見えない存在の力を巧みに引き出すことを通じて、この『うま味』を醸し出すのです」

日本酒の消費がピークアウトしてからの50年間で、さまざまな変化も起こっている。発酵を研究する化学者や醸造所、近年では農家、販売店といった業界のすべてのステークホルダーが協力し合って、新しい製品を造り、業界の構造を変えようとしている。政府も規制を緩和し、新酒に依存するビジネスモデルからの脱却を後押ししたり、日本酒を新たな顧客層へ広げようとしたりしている。

厳しい環境下で新しい日本酒の開発に精力的に取り組む酒蔵も少なくない。たとえば、スパークリング酒は食事に合うとして、ここ10年ほどでシャンパンとは異なる新しいカテゴリーの発泡酒として消費者の人気を集め始めている。

獺祭の旭酒造のように国際展開に活路を見出す酒蔵もあっていいし、剣菱酒造のように誇りを持って「止まった時計」でいるという選択もあっていい。

そうした既存の酒蔵のさまざまな動きに加えて、女性、外国人、若い世代、そして国内外の起業家が、日本酒の在り方に関するさまざまな新たな取り組みをするようになった様子は、イノベーションの世界でよく使われる「カンブリア爆発」に近い現象かもしれない。日本食も世界で親しまれ、楽しまれるようになった。これに伴って日本酒に親しむ外国人は増えており、今後も増えていく可能性が高い。そこから、料理の国籍やジャンルを超えて、日本酒の多様性や自由度、うま味が活かされる流れがこれから加速していく可能性もあると思う。

次にもう1つの、世界の移行への日本酒の貢献についてだ。

2024年12月、日本の伝統的な酒造り（日本酒、焼酎、泡盛を含む）がユネスコの世界文化遺産に選定されたというニュースは、日本でも歓迎を持って迎えられた。ルモアンヌが示唆するように、消費者を海外に求めていくことも必要だろう。外国人の蔵元や杜氏、蔵人を受け容れ、育んでいくことに加え、酒造りを担う組織や人々に健全な形で経済的な豊かさがもたらされるシステムを組み立てていくことは、雇用を維持拡大し、継承を可能にしていくためにも急務だ。

一方、夏の暑さの激化の影響で、特定の米を育める土地が北上していく傾向も見られるという。世界文化遺産に選定されるということは、その伝統的な酒造りの技法を今後も継続伝承していく責任を負うことを意味する。

もちろん、さまざまな創意工夫を重ねて、日本の地で日本の酒造りを発展的に続けられることが最優先であるし、そのために最大の創意工夫を重ねるべきであることは言うまでもない。しかし、それと並行して、日本で酒造りの全体を学んだ誰かが、海外のどこかに、酒米の生育にふさわしい気候や土壌の条件と、おいしい水源の両方を兼ね備えた土地を見つけ、そこで新しい酒造りに挑戦する、という希望はないだろうか。

そして、その地に、「匠」を育み続ける、ひいては、その地域において「自然の営みや見えないものに対する真の畏敬の念や、それを伴う精神性を体現」する、という憧憬《ビジョン》はありえないだろうか。それが可能になった時に、酒造りは真の意味での世界文化遺産になるのではないか。

オークラ東京でのセッションの終了時に、ルモアンヌに礼を伝えた参加者の代表はこう語った。

「今日、ここであなたとの時間を過ごすまで、私は、日本酒がこれほど多様で、豊かで、楽しいものであることを知りませんでした。私の世界を広げてくれて、ありがとうございます」

ルモアンヌはこう応じた。

「そう言ってくださって、今日ここに来た甲斐があった、と嬉しく思います。ありがとうございます。あなたがたこそ、日本酒のこれからの消費者です。1年後くらいに、再会できたら伺いますね。『さて、この1年間、日本酒をどれくらい飲みましたか』、と」

改めて、乾杯。

講義後の問い

あなたは、なにを
　やめますか？
　つづけますか？
　はじめますか？

- 自らが提供しうる最高の質を生み出すために
- 過去を踏まえて未来への価値を生み出すために
- 因習を乗り越え、多様性を力に変えるために
- 社会・環境と共に生き続けるために

特別講義

日本文化の「きく」力をどう生かすか？

by エバレット・ケネディ・ブラウン

幅広い意味が含まれる日本の「きく」

日本の伝統文化に惹かれて、1980年代に来日して以来、40年近くになる。

どの国でも行動様式と言語は紐づいているものだが、日本語にはとりわけ身体を使った言葉がたくさんある。何も知らず日本を訪れ、日本語を習得する中で、そのバリエーションには驚かされたものだった。

GIJの文化セッションの講義全体を通して繰り返された「きく（KIKU）」という動詞は、身体感覚を呼び覚ます重要なキーワードのように感じられる。生け花では「花の声をきく」、酒造りでは杜氏が「酵母の声をきく」、それ以外にも、「鼻がきく」「目がきく」といった具合に、「きく」は五感に紐付けられ、驚くべきバリエーションを持つ表現の1つである。

たとえば、日本の香道《こうどう》では香りを「聞（利）く」と言う。香道で若宗匠《わかそうしょう》をしている友人に指南してもらったことがあるのだが、香道を実践すると、「香りをきく」とは、心を鎮めて聞き「わける」といった意味合いがあると体感できるようになる。

英語では聞く＝listen となるが、音を聞くだけの意味を超え、多様な側面を持つ日本語の「きく」は、米国人の私からすれば、日本的ななにかであり、ずっと惹かれてきた表現の1つでもある。

そもそも「きく」とはなにを意味するのか

それぞれの講義で登場した「きく」という言葉。生け花の山崎が、花の声をきくことが重要だと繰り返し言っていたのが強く心に響いた。杜氏が酵母の声をきいて酒造りをしているという話には美しさすら感じた。

花も酵母も、もちろん言葉を話さない。つまりここでいう「きく」は、単に音を聴覚的に捉えることではない。単に話を聞く以上の意味を持つ「きく」がなにを表しているのかというと、それは、受容する、受け容れるということではないか。

「受け容れる」ものは、他者の考えだけにとどまらない。自分や他者、さらには周りのものに対して受容的になればなるほど、人はもっと自分や他者、所属するチームや会社や社会、身の回りの環境を生かす方法を見出せるようになるのではないか。そうすることで得られる新たな発見もあるのではないか。

日本語の多様な「きく」は根底で、謙虚さと敬意につながる。相手に敬意を持っていなければ、相手の話を真剣に聞こうとも思わないだろう。そして謙虚さと敬意こそが、日本の文化を顕著に特徴付けるものではないだろうか。

日本では、あらゆる場で手を合わせて拝む人を目にするが、それは、神が自然のいたるところに宿っているというアニミスティックな畏敬の念を表している。

80年代に日本に来てまず印象的だったのは、先祖を大切にする文化である。むろんそれは、日本に限らず、たとえばインドや中国など他の歴史あるアジア諸国にもある。

日本の仏壇のある家庭で、みなが仏前で手を合わせ、線香を上げたり、お経を唱えたりしていたのは驚きだった。仏壇のある家庭は減っているのかもしれないが、現代においても日本人は、いたるところで手を合わせて拝む。墓参りも先祖を敬う習慣の1つである。

こうした習慣は、家族のつながりを意識させ、多くの先祖がいたおかげでいまの自分があることを自覚させる。

悪いことをするとご先祖様が見ている、という第三者的な視点が働くところも日本独自の精神性だろう。もちろんそこには個人差もあるとは思うが、謙虚さを重んじる日本の文化にはそうした霊的な背景も感じられる。

生け花、合気道、酒造りはどれも、ひとりでは完全にコントロールできないものを扱っている。生け花は花材、合気道は他者、酒造りは酵母や質のよい水なくして成り立たない。花を生かした生け花作品をつくりたい、合気道を通じて自己研鑽をしたい、素晴らしい日本酒を醸したいのなら、そうしたコントロールできないものの力を借りる必要がある。そうした自分以外の存在のおかげで、人は新しいものを生み出したり、より高みを目指したりできる。それは、匠の道を探究する生き方にも通じるのではないか。

聞くことで誠実な在り方が見つかる

謙虚さとは、言い換えれば「ひとりの個人としてできることは限られている」という認識でもある。英語で言えばフラジャイル（脆弱性）という感覚と隣り合わせということかもしれない。力を貸してくれる他者に対して、また、自分をはるかに超える自然に対して敬意を持つことが、謙虚な態度としてあらわれてくると言えないだろうか。

世界で起きている問題は、人々が互いの話を聞かず、本当の意味での対話ができていないことに起因している。互いに話をしているけれど、まるで通じていない。

さまざまな民族や国家間の紛争はこの一例だが、世界中のどこでも同じことが起きている。どこでもみな、自分の主張を押し通そうと躍起になっている。ＳＮＳでの相手への敬意や配慮を欠いたやり取りなどもその典型例だろう。

人は敬意を抱いている他者や物事には、誠実な対応をしようとする。そして誠実な対応とは、言い換えれば、相手や物事を否定することなく、一度あるがままに受け容れた上で、間をおいて生かすことを考える営みでもある。自分に対する誠実な対応の１つの在り方は、嘘偽りのない自分を知り、自分の力をよい方向に使うにはどうすればいいかを明らかにすることだろう。

ビジネスの現場であれば、チームメンバーに対する誠実な対応は、相手の意見やものの見方を受け容れ、相手が力をうまく発揮できるようにすることかもしれない。リーダーならメンバーの個性や意見を自分の物差しだけで測るのではなく、あるがままに受け容れ、それを伸ばせるように導くことだろう。

もちろん、「誠実な対応」が何を意味するかは、人やチーム、会社によって異なる。たとえば、酒造の剣菱にとって顧客に対する誠実な対応は、何百年も前から続く味を変えずに適正な価格で提供することだった。一方で、農口尚彦研究所の杜氏である農口尚彦にとっての顧客への誠実な対応は、同じ味をつくることではなく、飲み手をよく知り、彼らを喜ばせるような酒を造ることだった。両者とも、何が求められているのかを理解しようと顧客の声を事細かに聞いていた。

このような考え方はどのようなビジネスでも応用できるものだろう。マネジャーやリーダーとして、自分だけでできることは限られていることを認め、「私だけではできないが、あなたにはできる」「あなたとならできる」と言えることは大きな強みとなる。それは部下を支え、育み、開花させることにもつながる。相手の話を受け止めることができれば、相手は自分の価値が認められ、考えや思いを聞いてもらえていると感じる。

深いコミュニケーション、深い敬意に基づく関係性ができていると感じれば、メンバーのチームへのエンゲージメントも強くなる。

「身体知」を高め、学びを深める

宮大工の小川三夫は、若い職人の育成について、以前私に次のような話をしてくれた。小川は「直接教えることはない」と言う。彼らは棟梁の仕事ぶりを見て学ぶのだと。「では、どうやって若い職人たちを育てるのですか」と聞くと、「私たちは一緒に生活しているので、彼らがなにかを学ぶ準備ができた時がわかる。準備ができたら課題を与える」と答えた。

若い職人をよく観察し、きいている。だからこそ、それぞれの能力を知り、次の段階に進む準備ができた時がわかるというわけだ。このことがよいリーダー・素晴らしい指導者を生み出す。

来日した当初、私は東京・神楽坂の付近に住んでいた。

さまざまな生活音が新鮮で心地よく感じられた。夕方になるとリヤカーで町を歩き回る豆腐屋のラッパ音が響いたり、通りを歩けば、ガラガラと引き戸を開ける音がしたりする。それ以前に私が暮らしていたのは車社会・米国の都会で、通りを歩いていて聞こえる音は、車のクラクションや騒音ばかりだったので、とても心地よいとは言えなかった。一方、神楽坂の庶民的な生活の場には、すでに米国の都会には失われていた生活音が残っていて、その音に耳をすますだけでも毎日が楽しかった。

21世紀になり、日本の生活文化もかなり変化した。そもそも日本人独自の身体感覚が失われつつある。少なくとも変化しつつあると思う。私にとって新鮮で仕方がなかった身体感覚に根差した言葉も生活音も変質している。

怒りを表現する場合、かつては「腹（肚）を立てる」「腹（肚）が立つ」など、丹田を表す表現が多用されていた。しかし、しばらく前から、「頭にくる」と身体よりも脳に依った表現が増えてきた。さらに近年では、身体を使った言葉ではなく単に「キレる」という言葉もよく聞かれるようになった。

人々が大切にしてきた身体感覚はどこへいったのか。日本人はその豊かな伝統文化に根差した身体知（ボディ・ウィズダム）をいまこそ取り戻すべきではないか。「きく」という豊かな表現は、そのための1つの道しるべとなってくれるのではないか。

眼から入るノイズを遮断し耳を澄ます

深くきくことこそ望ましいという一方で、いまの現実はどこもかしこも情報であふれかえり、心がかき乱されることも少なくない。人々は常になにかしらの画面を見ている。電車に乗れば広告を表示する画面、仕事中はパソコンの画面、家に帰ってはテレビ画面、その他のあらゆる時間にスマートフォンの画面を見ていて、静寂に包まれる時間は非常に少ない。

きく力の豊かさを確保するには、静寂を取り戻すことがまた欠かせない。

静寂には2つの側面がある。1つは外部のノイズに対する静けさ。そしてもう1つは内面的な静けさだ。

騒がしくて話がしっかり聞けないということも、現代特有の視覚的な情報の氾濫も、外部のノイズの一種だ。

ある研究では、机の上にスマートフォンを下向きに置いていたグループは、スマートフォンをしまっておいたグループより、友人や家族との交流の際に気が散ってしまうことが明らかになっている。スマートフォンの存在だけで人は気が散ってしまう。まず、ノイズを排除することが、相手の話を聞くうえで非常に重要になっていく。そこは、松山から学んだ禅の瞑想や実践で心の安寧を取り戻すということにも通じるだろう。

もう1つの内面的な静けさとは、自分の価値基準やエゴを脇に置くということだ。静寂があれば、別の見方や意見を受け容れる余裕も生まれる。これは他人に対してだけではない。心に余裕ができれば、自分の感覚をフル活用することにもつながる。

それは自転車に乗れるようになるのと似ている。乗り始めたばかりは、腕の動かし方、脚の動かし方、バランスのとり方などに気をとられてしまう。けれど、練習を重ねるといつしかそうしたことを意識せずとも乗れるようになる。そしてそれまでは気を向けられなかった道路の状況や歩行者などに意識を向けられるようになる。

頭に、心に、余裕をつくることは、内省したり、新しいアイデアを発想したりするために欠かせない。飛行機に乗ると、私たちは機内誌を読んだり、免税品販売のリストを見たり、食事を注文したり、音楽を聴いたり、映画を見たりして過ごすことが多い。しかし、窓から雲や陸地、海を見て物思いに耽ることこそ、空の旅の本当の贅沢かもしれないのだ。

心は脳にあると考えがちだが、私たちの身体は神経系のシステムになっている。つまり全身が私たちの心や意識を支えている。米国での大学時代の指導教官は、「天才になりたければ、足の指で考えること」と言っていた（ちなみに、足の指のつぼは頭に呼応する）。アインシュタインは裸足で仕事していたという。彼は足で考えることの意味をよく理解し、浜辺をよく散歩していた。かくいう私も歩くことをこよなく愛してきた。身体感覚を研ぎ澄ます目的もあり、山伏修行も続けている。足の指や足の裏の感覚そのものを鍛えたいと思い、日頃から素足に近い感覚で歩ける五本指の登山靴を愛用している。

21世紀になり、いまの世界を生きる私たちが抱える大きな問題は、視覚過多に陥っているということだ。目は、脳の前頭前皮質と直結する。インターネット時代に入ってグローバルに普及している教育システムも視覚に依存しすぎている。

この目の使いすぎによる弊害に私たちはもっと自覚的になるべきだろう。そして、さまざまな形でもっと耳を澄まし、五感で「きく」べきだろう。日本の伝統文化に根差した「KIKU」にまつわる身体知は、いま、グローバルな叡智となりうる可能性を秘めている。

エバレット・ケネディ・ブラウン
Everett Kennedy Brown

写真家、著述家

米国ワシントンD.C.生まれ。文化庁長官表彰（文化発信部門）受賞者。元EPA通信社日本支局長。ブラウンズフィールド設立者。東京大学・先端科学技術研究センター非常勤講師（2019年～2020年）。『Kyoto Journal』寄稿編集者。諸省庁の文化推進カウンセラーを多く務める。観光庁のインバウンドのスローガン"Japan, Endless Discovery"を提案。幕末の写真技法「湿板光画」で全国の地方文化を記録し、国内外の美術館に展示、収蔵されている。

ケネディ・ブラウンは、2023年、24年のGIJに参画し、さまざまな洞察を参加者に提供してくれた。本章では、結果的に24年の文化セッション全体のキーワードとなった「きく」に焦点を当て、追加取材を行った内容をまとめた。

リフレクション

移行期における「日本」への視線と自己認識のギャップ

ビジネスとカルチャーを学ぶ相乗効果

ここまで記してきた4つの文化セッションは、5日間のＧＩＪにおける極めて重要な構成要素だ。ただ、それら自体は独立して完結するものではない。他のさまざまなセッションとの有機的な連関を通じて、日本の企業文化、経済社会に関する見方を立体化し、ひいては日本を超えてコーポレート・レジリエンスというテーマ、そしてフューチャー・レディネスやリフレクティブ・リーダーシップについて参加者の探究を促すための、１つの要素だ。ＧＩＪの全体が参加者を深く感化したこと、それを通じて日本に関する新たなナラティブが彼らの中に生まれたこと、翻ってそのことが彼らに伴走した私たち日本人にとっても、新たなナラティブや希望を生み出すものであったことを、ここでは振り返りたい。

この旅には、ワークショップ、講義、さまざまな業種の企業訪問が含まれていた。

私は、日本の市場と社会を形づくる力学に関して、日本のリーダーたちから直に学ぶことができた。文化セッションは、日本に深く根差す習慣や価値観を、そしてそれらが日本のビジネスに与え続けているインパクトを理解する助けとなった。

日本の起業家、企業オーナー、経営幹部らとの意見交換からは、人口の高齢化、生産性の低下、労働市場の硬直性といった課題だけでなく、ロボット工学、エレクトロニクス、バイオテクノロジー、医薬品、先端素材などにおける技術革新、経済の持続可能な発展、観光産業の発展、女性のビジネス参画の拡大といった機会について、貴重な洞察を得ることができた。

（ロシア国籍、エグゼクティブ・コーチ／組織開発コンサルタント〈スペイン在住〉）

彼女には、先進技術が社会システムに調和的に統合され、人々の生活を向上させる日本の未来が見えたという。技術と社会の調和に関して、また、GIJ全体の感想については、次のコメントも引用したい。

NECではバイオメトリクスや生成AIから量子コンピューティングまでの進歩を

辿り、同社が社会性と事業性を両立する形でそれらの技術を活かす取り組みについて説明を受けた。三井物産がその幅広いネットワークを生かして自社と顧客、社会のデジタル変革に取り組む姿勢には深い感銘を受けた。同社のグローバルな起業ファームであるムーン・クリエイティブ・ラボでは、技術を使って社会課題を解決するさまざまな取り組みとイノベーション創出の文化醸成を体感した。

マネックスグループの創業者、松本大《おおき》会長からは金融市場の未来を導くことについて学び、日本銀行出身で金融政策の専門家である服部正純教授には日本経済の歴史と未来に関する深い洞察を得た。ＰｗＣジャパン（当時）の磯貝友紀氏にはサステナビリティを日本の最前線に押し上げ、同社のトップサービスの１つにする術を見出したことを教わった。バイエル・クロップサイエンス（当時）の坂田耕平社長とは、日本でビジネスをすることについて興味深い対話をすることができた。

合気道、生け花、禅の演習に私は没頭した。オークラ東京での宿泊、日本酒の試飲、最終日のＩＭＤの日本のアルムナイとのネットワーキング・イベントも、忘れられない思い出となった。

（インド国籍、会計監査事務所、シニアマネジャー〈スイス在住〉）

彼にとって、また他の参加者たちにとって、今回のエグゼクティブMBAのグローバル・イマージョンが、シリコンバレー、ムンバイを経て東京という流れになったことも功を奏したのかもしれない。対比は鮮明だっただろう。それぞれの地理的・文化的・歴史的背景に応じて、それぞれが独自の形で世界のビジネスの1つの中心地たりうるさまを体感したことは、「自分を知る、ビジネスを知る、世界を知る」ための深い探求につながったに違いない。

個別企業の訪問に関して、謝辞と共に深い感想を記した参加者も多かった。

ホンダでは、経営幹部やその候補とのネットワーキングの機会に恵まれた。同社の出発点は慎ましいものであったが、いまや「すべての人に『生活の可能性が拡がる喜び』を提供する」という大胆なビジョンを掲げて、いかに「移動」と「暮らし」の進化におけるリーダーたらんとしているかを共有してくれた。

三井物産は、世界にポジティブなインパクトを与える真のデジタル変革を推進するために、従業員の声とアイデアに力を与えることの意味を示してくれた。

ムーン・クリエイティブ・ラボが、次代にもっとも必要とされる革新的企業群の創出をドライブしようとする起業家精神を育んでいることに感銘を受けた。

三井住友信託銀行は、私たちのために心を開き、すべての質問に答え、私たちを同社のチームの一員だと感じさせてくれた。

各社のみなさまに、ありがとう、と言いたい。

（ベネズエラ国籍、建築機械、マーケティング・マネジャー〈リヒテンシュタイン在住〉）

彼は、訪問した各社を含め、今回の旅にかかわったすべての人々に「ありがとう」と言いたい、と記した。日本語の「ありがとう」は、「有り難い」を語源とする。直訳すれば「存在することが難しい」、すなわち「めったにない」「貴重である」ということを意味する。「奇跡的なことだ（It's a miracle）」という意訳もできるだろう。私はそのことを彼らに説明したから、彼がその意味で「ありがとう」という日本語を選んでくれたとしたら嬉しい。

私たちのチームは、東京電力パワーグリッドを訪問し、話を伺う機会に恵まれた。福島の悲劇的な事故の後、この歴史ある公益企業が、変革と回復力の維持のためにデータやAIをどう活用しているかを理解することが目的だった。私たちは同社が、生産性向上のためにどのように企業文化の転換を推進しているかを学ぶことができた。

（中国国籍、医療技術、調達のグローバル・マネジャー（スイス在住））

彼にとって、今回の旅は、「失われた30年」を克服するために、逞しく在り続けた（stay resilient）さまざまな企業の、将来の準備のための戦略と実践を探るものになったという。

企業活動の礎であり理解の枠組みでもある「文化」

GIJの準備段階から、参加者たちは5人一組のチームを形成し、それぞれのチームに割り当てられた日本の大企業の分析を行っていた。各企業がどのようにレジリエンスを担保し、未来への準備を行っているのかを調べ、東京での各企業の本社への訪問と取材を通じて理解を深め、さらに各企業がこれから何をしていくべきかの提言をまとめるというのが、エグゼクティブMBAの学位取得のための単位獲得の条件であった。東京での最終日は各チームがプレゼンテーションを行った。私はIMDのチームからなる審査員団のひとりを務めた。

質にはばらつきがあったものの、6つのプレゼンテーションはそれぞれ聴きごたえのあるものだった。私は一連の文化セッションの設計と提供を担ったので、若干バイアスがかかっているかもしれないが、それでも彼らが企業分析と文化セッションからの学びを効果的に結びつけているさまには、感心せざるを得なかった。

もちろん、うがった見方をすれば、ビジネスとカルチャーという両方のセッション群が提供されているプログラムにおいて、その2つを結びつけてプレゼンテーションをつくろうというのは、模範解答を希求する優等生的営みと捉えることもできるだろう。ただ、私自身は別の感銘も受けていた。それは、日本の大企業の多くや日本の社会が実はどれくらい深く日本の伝統的な精神文化に依拠しているのか（少なくとも参加者たちにそう見えるのか）という点であり、それがいまの代表的な日本企業や日本社会の在り方や歩みをどれくらい雄弁に説明できるかという点でもあった。

たとえば、あるチームは、住友生命のように長い歴史を持つ大企業が、いまだに創業者の掲げた理念を大切にし、再解釈しながら、自らのこれからの理想を明文化し、それを「コア（核）」として保ちながら他の部分を柔軟に変化させていく経営の在り方に、須貝圭絵との合気道の演習で学んだことを重ねた。実際、須貝が掲げた「気・体・智・徳・備心」を担当企業の分析の枠組みとして活用することを通じて。

私たちが合気道の教えに学んだように、日本企業は長年にわたり、その中核となる能力をいかして逆境に立ち向かい、事業ラインを柔軟に革新し、理念の実現や利益の獲得のために競合他社と提携してきた。欧米企業がプラットフォームという概念を語り始めるはるか以前から、私たちが今回訪問したような日本企業はそれを実践し、体現してきたのだ。

（ブラジル国籍、ヘルスケア、人事責任者〈スペイン在住〉）

三井物産や住友商事のような総合商社が短期的な取引以上に長期的な関係性を大切にし、多様な事業を持つことを人と人とのつながりを通じて強みに変えながら、社会への貢献と事業採算性の高次な統合を希求し続ける姿勢に、「匠」や「道」の精神を見るという参加者もいた。

東京の街、そして訪問した企業のオフィスの整然としたさまに対する感激を口にするチームもあった。彼らは松山大耕と一緒に組んだ坐禅のひと時や、心を整えることの大切さ、禅寺の佇まいに言及した。

研究対象の日本の大企業で参加者たちを迎え入れてくれた経営幹部の示したオープンな態度、どのような質問にも誠意を持って真摯に答えようとする姿勢に対する感銘を語った参加者も多かった。そこには、「おもてなし」の精神があったのかもしれない。日本企業の幹部の側も、海外からの訪問者たちを一期一会の精神、つまり共に過ごすひと時を一生に一度の出会いとして大切にする気持ちを持って迎えてくれていたのだとすれば、とてもありがたいことだ。

この2つの観察に関する、ある参加者のコメントは雄弁だった。

東京は広大で、巨大だ。それでも、アクセスしやすく、友好的ですらあった。これには驚いた。言葉の壁も、地元の人たちが私を手助けし、とても親切にしてくれることの障害にはならなかった。日本のホスピタリティは素晴らしい。日本には、ホスピタリティを包括する「おもてなし」という概念がある。消費者行動論やマーケティングの権威である鈴木智子教授は、その言葉の翻訳は難しいと説明した。彼女の言葉によると、「無私の精神によるホスピタリティ」（ひとつの心構え）が、ホストがゲストをペアとして認識することから始まる共創と細部への配慮の好循環を生み出すのだという。

（チリ国籍、航空、法務責任者（チリ在住））

もちろん、賞賛だけではなかった。研究対象企業が、女性や外国人を含めた多様な人材を惹きつけ、活かすことが十分にできていないという指摘もあった。ある参加者は、生け花の演習における山崎繭加の次の言葉を引用した。それは、私たちに対する警句でもあるように思う。

「手に持った花を、しっかりと観察してください。さまざまな角度から見て、その花の表と裏を感じ取ってください。少し角度を変えるだけで、花は表情を変えます。じっくり観察し、その花のどの部分がもっとも美しいかを、見極めてください」

移行する世界を痛感する場

プロローグで私は、私たちの世界が移行に直面している、と記した。このことについて、ここで改めて言葉を加えたい。

2022年6月末、私はIMDのOWP（Orchestrating Winning Performance）というプログラムに参加した。世界約50カ国から400人を超える企業幹部や幹部候補がスイスのキャンパスに集い、5日間で共に学ぶプログラムである。私も2010年から毎年参加し、世界の「変化（changes）」をここで定点観測してきた。新型コロナウィルスによるパンデミックを経てようやく対面集合型で再開された2022年版に参加し、世界が人々の価値観の変容を伴う大きな「移行（transition）」の時期に入ったことを痛感した。

グローバル化の変質、生成AIの台頭、持続可能性の危機、地政学的な動揺。そしてパンデミックで急速に進んだリモートワークと、それによる個人と組織の関係の変化。こうした事象は世界中で人々のものの見方、企業の戦略や組織の在り方に対して根本から疑義を呈し、移行を加速している。さまざまな意味で変わってしまった世界で、どう生きていくのか、あるいは、どうビジネスをしていくのか。私たちひとりひとり、私たちの組織のひとつひとつに問われているのだ。

地球環境や気候変動の問題は悪化の一途を辿り、地球の限界「プラネタリーバウンダリー」をいくつもの要素で超えてしまっている。専門家は、このままだとさまざまな要素が連鎖反応し、壊滅的な状況を起こすと警鐘を鳴らしている。さまざまな国家間の議論が重ねられてきたが、国際的な合意に達するのは極めて難しい状況で、この流れを押しとどめる見通しはまだ立っていない。

2023年版のOWPでは、「脱成長（degrowth）」をテーマとするセッションが提供された。2人の教授が勇気を持って開講し、エネルギーや資源の使用を計画的に減らし、経済と生物界のバランスを取り戻すこの考え方を、「グリーン成長」と対比させながら、世界各国から集った経営幹部らと議論した。ビジネススクールで脱成長が議論されるということ自体、移行期にある世界を表していると私は感じた。

あいまいな世界で求められるいくつかの両利き性

読者の多くは、「両利きの経営」という概念を聞いたことがあるだろう。ビジネスにおいて「深化（exploitation）」と「探索（exploration）」を同時に希求する、両立させるという考え方だ。ＩＭＤでは、これを「パフォーム：コアの最適化（Perform: Optimize the core）」「トランスフォーム：新しいものの創造（Transform: Create the new）」という言葉で表現し、この二対の能力を個人そして組織について測り、両利きの経営を可能にする適切な人的資本管理につなげるための一連のソリューションを整えて、世界の先進的な企業の多くに提供している。

一方を進めながらもう片方も進めるというのは、時に私たちを極めてアンビバレントな（両義的であいまいな）状況に引き込む。多くの企業やリーダーがこの両立に取り組み、苦闘している。しかしこの苦闘は企業経営に限ったことではなく、両利き的なものへの要請は私たちの生活のさまざまな局面で広がっているように見える。

気候や地球環境の領域では実際、変動の緩和と変動への適応という両方への取り組みが同時進行している。成長を前提とした資本主義の深化と、脱成長も含んだ新しい社会経済システムの探索も同時に行われている。

デザインは米カリフォルニアで、製造は中国で行うといった従来型の効率性重視のグローバル・サプライチェーン管理が、経済安全保障の観点から同盟国や友好国など親しい関係にある国に限定した形に変化したり、脱グローバル化にシフトしたり、といった動きはすでに起こっていた。しかし、2025年の米国新政権発足による一連の関税政策を受けて、さらに劇的な変化を余儀なくされるだろう。

IMDのリチャード・ボールドウィン教授（Richard Baldwin・専門は国際経済）によれば、モノ（goods）の貿易は90年代に製造のオフショアリングやアウトソーシングの活発化で急速な増大を経たが、2008年をピークに低下傾向にある。一方、サービスの貿易は増加し続けている。世界はいわば工場のグローバル化から、オフィスのグローバル化に移行しつつあり、この潮流が逆転する可能性が低いことを、データと共に彼は語る。

なお、2023年の時点で、サービス貿易の63%がデジタルに支えられたものであって（残りは輸送と旅行）、そこには知的所有権（ネットフリックス、スポティファイなど）や金融サービスが含まれるが、デジタルに支えられたサービス貿易のさらに3分の2はバックオフィス業務などのオフショアリングである。今後はその担い手として新興経済諸国の存在感がますます大きくなることが予想されていて、グローバルな雇用バランスと働き方の変化を加速させていく。生成ＡＩはここでも大きな役割を果たすだろう。

より身近な例では、東京で働く私の周りの人たちの中にも、パンデミックを機に地方へ移住したり、東京と地方の2拠点生活を始めたりする人たちが増加した（いま、またそれと逆の動きも生まれつつあるが）。日本の大企業にも従業員の副業を認めるところが増えたが、それは働き手によって、いわば収入を得る本業と、本業では得にくい経験や喜び、個人的なパーパスの充足のための副業、という両利きを生きることを意味するだろう。また「結婚したら1人前」という固定概念は過去のものになり、「選択的シングル」という価値観も生まれている。私たちは、さまざまなアンビバレンス、不確かさの中で生きている。

コロナ禍以降、意識の変化、テクノロジーの変化、環境の変化が加速した。その中で、移行を迫られ、あるいは自らすすんで移行を選び、結果的に何らかの両利き性を発揮するようになった人も多いだろう。これまでの利き手のみに頼ることが、行き詰まりにつながりやすい。そのような時代を私たちは生きている。

移行する世界の中で、何らかの答えを、突破口を、あるいはこの時代を歩むにあたって必要な道具を日本に求めようとする動きが、とりわけ欧米諸国のリーダー層の中で強くなっているように私は感じている。彼らがこれまでの利き手とは違うなにかを探しているようにも見える。その例をいくつか、個人的な観察から紹介していきたい。

パリはいま日本式生活文化に憧れている

パリ右岸のマレ地区といえば、地元の老若男女が、気持ちのいい暮らしのための雑貨や、比較的値段のこなれている普段使いの素敵なファッションを求めて散策する地域だ。シャンゼリゼ通りやサマリテーヌ・デパートが外国人観光客であふれ、高級品（あるいは高額品）しか売っていないのとは対照的だ。マレ地区には無印良品とユニクロの路面店があって、どちらも街に溶け込んでいてお客さんの出入りも多い。人気店なのだ。

ユニクロは「ライフウェア」を標榜し、生活の中で必要な部品として活躍する服を提供している。一方、無印のアプローチはもっと「禅」だ。そのシンプルさや用の美にパリジャンやパリジェンヌが惹かれている。店内スタッフもその理念に共感しているようだ。

もちろん、ユニクロにしても無印にしても、商品や店の展示の基本的なデザインは世界的に一貫しているようで、私が普段訪れる東京の店の佇まいとも確かにつながっている。日本の衣類や生活雑貨だけではない。日本の食もパリの日常風景に溶け込んでいる。市内中心部に「IRASSHAI《いらっしゃい》」という店舗がある。これは、フランス人のために企画し、経営している店だ。店の外観に店名以外に日本を彷彿させるものは何もない。軽やかで明るく上質な、まさにいまのパリの若々しいデザインだ。店舗は800平米もあり、奥行きが深い。厳選された多様な日本の食材がきれいに並び、ひとつひとつにフランス語の説明がつけられている。奥にはカツ丼や日本式カレーライスなどの日本の日常食が食べられる「ショクドウ」や「キッサテン」「サカバ」もある。

店内では普通のパリ市民が食材を求めたり、箸を器用に操って日本の日常食を楽しんだりしている。ウェブサイトではレシピが紹介され、店でも時々調理教室を開催するようだ。まさに、日本の生活文化の、もっとも普段着で、もっとも素敵な部分をフランス人が抽出し、編集し、フランス人のために提供している場なのだ。

文化の深層にアクセスする力

パリ中心部、ルーブル美術館からもポンピドゥーセンターからも15分で歩けるところにある「ブルス・ド・コメルス　ピノー・コレクション」。19世紀に建設された商品取引所(Bourse de Commerce)を改築した、現代アートの殿堂である。グッチをはじめとした高級ブランドを傘下に揃え管理・運営する複合企業のケリングを経営する実業家、フランソワ・ピノーが、日本の建築家・安藤忠雄とタッグを組んで生み出したものだ。

歴史的建造物としての修復と現代アートの美術館としての再生、その2つの目標を両立させた。円柱形の歴史的建造物の中に、安藤流コンクリートで新たな円柱を据える、という構成は斬新でありながらきちんと機能していて、動線が明確で美術作品の鑑賞をゆっくりと楽しむことができる。そこでは日仏の感性が100年以上の時を超えて共鳴し、共創し、止揚している。その空間に身を置くと、心が躍る。

当然、ミュージアムショップには安藤忠雄の建築に関する写真集や解説書も並ぶのだが、その隣に谷崎潤一郎の『陰翳礼讃』のフランス語版が置いてある様子には唸った。

もともとフランスは、欧州の中でも日本文化に対する理解や敬意が特に強い国だ。オルセー美術館の5階では、モネ、ドガ、ロートレック、ルノアールからゴッホなどに至る印象派とその前後の見事な作品群を楽しむことができるが、これらの西洋絵画の巨匠が日本の木版画（北斎、広重ほか）から構図・構成やモチーフを学んだことはよく知られている。

過去、西欧や北米では何度となく日本ブームが起こってきた。フランスだけ取り上げても、いま記した19世紀後半から20世紀初頭の「ジャポニズム」、戦後（1950～70年代）の日本の映画や文学の受容、80～90年代のポップカルチャー（アニメ、マンガ、ゲームを含む）の台頭、2000年代から現在につながる和食、伝統文化、サブカルチャーなどの多面的な日本文化のブームがあった。そして現在は、日本のサステナブルな美意識を評価する動きが加速しているようだ。建築、デザイン、食文化などに加えて、日本の精神文化に対する関心も強まっている。まさに、目に見えるもの（表層）を超えて、目に見えないもの（深層）にアクセスしようという意欲を、強く感じる。

異なる在り方を日本の叡智から学ぶ

2023年のクリスマス休暇を、私はパリで過ごした。ひとりの起業家が、オランダから鉄道を乗り継いで私に会いに来てくれた。ローレンス・ファン・アール（Laurens van Aarle）という。リーダーシップやコーチングに関するオンライン教育事業を立ち上げ、成功した彼は、「日本の叡智を現代の生活に取り込む（Japanese Wisdom for Contemporary Life）」ことを目的としたオンライン教育プラットフォームの立ち上げを新たに計画していた。街中のカフェでの彼との語らいは、私に多くのことを教えてくれた。

アムステルダムの郊外に住む彼は、「うちの近所のどの本屋に行っても、『生きがい』『侘び寂び』『森林浴』などに関する本が置いてある」と言う。彼は、それこそ個人が孤立する時代を生きていることの顕れだと見ている。この時代に、「自分とつながり、他者とつながり、自然とつながり、より充実した感覚を持って生きるということを多くの人たちが望んでいる」と言う。そしてこの時代を生きるヒントが日本にあると彼は考えている。

その語らいの数カ月後に立ち上がった、「Musubi Academy（ムスビ・アカデミー）」の美しいウェブサイトでの彼の宣言の要旨を、以下にまとめる。

いま、多くの人々がこの世界での異なる在り方（being）の必要性を感じ、切望している。

その在り方とは、相互のつながり、体現（身体的実践）、再生といった普遍的な価値に根ざすものだ。そして東洋、西洋、土着の叡智と知識の統合に依拠するものだ。

日本は何世紀にもわたり、こうした普遍的な価値観とそれに寄り添う在り方を中核に据えた数多くの伝統を磨き続け、守り続けてきた。そして、それらを伝える絶妙に美しく革新的なかたちを創造してきた。

禅から茶道、神道から合気道、工芸から現代デザインまで。私たちは、これらすべての深層と、現代への示唆を探索していく。

ムスビ・アカデミーは、私の、日本への深い愛着と敬意の表現である。

（中略）

日本は、世界に対してユニークで重要な貢献ができる、と私は信じている。

「食べることは生きること」アリス・ウォータースという革命

アリス・ウォータース（Alice Waters）は、米カリフォルニア州バークレーのレストラン「シェ・パニース（Chez Panisse）」のオーナーシェフだ。１９４４年生まれの彼女は、若い頃に滞在したフランスで、地元のマルシェ（市場）で調達できる地元の新鮮な食材を生かして丁寧に調理された食事のおいしさに感激した。帰国後、創業した自分のレストランでも、カリフォルニアの地元の農家との長期的な信頼関係を構築して、日々おいしい料理を提供し、「米国で一番予約の取れない店」と呼ばれるまでに至った。その活動と思想的基盤を共有する形で、米国で「エディブル・スクールヤード（Edible Schoolyard）」という運動を立ち上げ、その先頭に立ってきた。エディブル・スクールヤードのウェブサイトには、彼女の願いが簡潔に、しかし力強く記されている。

公立学校で使う食材の購入基準を変更し、土地を再生させながら食べものを作っている農家や牧場から直接購入しましょう。気候危機を緩和し、次世代に栄養、預かる責任、コミュニティの価値を伝えていくために。

私はウォータースの著書の日本語版『スローフード宣言——食べることは生きること』（海士《あま》の風）を読んで感激し、もともと交流のあった阿部裕志（「海士の風」代表）や、彼の紹介で縁を得た訳者の小野寺愛（愛に満ちた翻訳をした）と対話を重ねることができた。そして彼らは、ウォータースの来日を企画し、2023年秋にそれを実現したのだ。さまざまな仲間や組織（自治体、小学校、大学、企業ほか）を巻き込み、クラウドファンディングも含めて資金を集めた。

ウォータースの日本各地での多様で豊かな交流の様子や、カリフォルニアでの活動の模様は、「食べることは生きること～アリス・ウォータースのおいしい革命～」という素晴らしい映画にまとめられているので、機会があったらぜひご覧いただきたい。

映画を見ると2023年の彼女の来日のハイライトは、学校給食の現場訪問であったと思う。彼女自身、こう語っている。

日本には何度も来たことがあったけれど、（今回初めて）学校を訪れて、給食をいただいて、農家さんにもお会いして、この美しい土地に出合って、日本でならもっとできる、そんな可能性を感じました。

日本はいま、空前のインバウンド観光に沸いている。観光地としての魅力はさまざまだろうが、景観の美しさもその1つだろう。しかし、その大切な部分は、健全な農業を中心とした循環によって支えられている。里山と呼ばれるものもその1つであり、適切な形で人の手が入ることによって、持続可能で美しい生態系が守られるのだ。

さきに、彼女の宣言から、「土地を再生させながら食べ物を作っている農家や牧場（the farmers and ranchers that are caring for the land regeneratively)」という言葉を記した。再生性（regenerativity）とは、持続可能性を超えて、自然や社会、経済のシステムが自らを再生し、より豊かに成長していく能力を指す。単に環境への悪影響を減らすだけでなく、積極的に環境やコミュニティを回復させ、繁栄させることを目指す概念である。

それは第4講で触れた日本の酒造りにも言えるだろう。酒造りの継承を再生性という切り口で考えることもあってよいのではないか。

さらに、ウォータースは、こんなことも言っている。

触って、味わって、香りを嗅いで、じっくりと聞いて、しっかりと見る。それは全部、料理の一部です。

ここで彼女は、「じっくりと聞いて（listening carefully）」という表現を使った（そしてその時に彼女は手のひらを耳の後ろで開くポーズをとった）。ケネディ・ブラウンも「きく」という言葉の日本文化における重要な役割について語った。でも、だからといって、その見方考え方が、日本にしかないものであったり、日本人や長年日本に住む人にしか理解されないものであったりということではない。文化は、というより私たちが日頃何気なく「文化」と呼んでしまう一連の「行動」は、その行動をとることが合理的な環境において、促進され、伝播していく。私たちは、そのことに謙虚な信頼を寄せるべきだと、私は思う。国の文化を変えることは難しい。しかし、何らかの合理性のもとで、ある組織の、あるいは特定の地域の文化（または行動の束）を変化させていくことは可能だ。

世界競争力ランキングに見る日本の経営幹部の自己憐憫

そもそも私たち日本人は、日本をどう見ているのだろう。

プロローグでも触れたが、ＩＭＤでは１９８９年から毎年、世界競争力ランキングを発表している。これは、「企業が持続的な価値創造を行う環境を、どの程度育めているか」を測定しようとするものだ。最新の２０２４年版のランキングで、日本の総合順位は調査対象の67の国・地域のうち38位となった。これは調査開始以来、最低の順位である。

２０１０年にＩＭＤとの仕事を始めて以来、このランキングが発表されるたび、私は日本の順位に関してメディアや顧客企業、行政機関などからコメントを求められることとなった。これは残念ながら愉快な仕事ではない。この期間、日本の順位が下がり続けているからだ。

ただ、このプロセスでわかったことがある。

世界数十カ国・地域を、網羅的な数百の共通指標を使って横比較できる調査はほかに存在しない。このランキングが何をどのように測定しているかを知り、その限界も認識したうえで、測定結果から自分たちの国や経済・社会に関して何を学び取り、何を変えていけばいいのかを議論することにこそ意味がある。個人が定期的な健康診断の結果を、自らの体質改善や健康増進に使う（べきである）のと同じように。

順位に一喜一憂するのではなく、さまざまなデータの精査と分析を通じて課題を見出し、解決に取り組むとともに、可能性や希望を発見し、その発揮や実現に取り組むことこそが大切なのだ。

ＩＭＤではもっとも総合的な「世界競争力ランキング」に加えて、近年、「世界デジタル競争力ランキング」と「世界人材ランキング」を集計、発表するようになった。最新（２０２４年）の日本の順位は、デジタル競争力で31位、人材ランキングでは43位となっている。

たとえば、「世界競争力ランキング」は4つの因子、すなわち「インフラストラクチャー」「経済パフォーマンス」「政府の効率性」「ビジネスの効率性」から構成されている。そして、各因子は5つのサブ因子から成り立っている。プロローグでの記述の繰り返しになるが、合計で２００を超えるデータが調査全体を支えていて、その約3分の2が国際機関などを含むさまざまな国際的調査機関から得られる統計数値（ハードデータ）、残り約

3分の1が各国で働く経営者・管理職らを対象に行うエグゼクティブサーベイ（アンケート調査）によるものだ。

日本のデータを精査していくと、いわば「よい国」としての日本の姿が見えてくる。日本は雇用が安定し高水準であり（失業率が低い）、安全で生活環境も良好で（殺人件数や汚染問題が少なく、良質な水へのアクセスもよい）、住民は健康で長生きができて（平均余命、健康寿命が長く、乳幼児死亡率が低い）、基礎教育の水準が高い（PISA指標）。

これらはいずれも世界トップ7に入っており、野村総合研究所が2024年にまとめたレポートでの比較対象（米・中・独・韓・台）と比べても、日本は顕著に高い順位を誇っている（245ページの図3参照）。日本の社会的な基盤とその安定性は高いのだ。

そのことは、東京での短い滞在でGIJ参加者も感じていた。

日本文化を直接体験したことは、人生を変えるものだった。過去数十年間を「失われた時代」と呼ぶ人もいるが、日本の長期的ビジョン、従業員への配慮、漸進的イノベーション、社会重視の姿勢は、かけがえのない教訓をもたらすものだ。多くの欧米の企業は、日本の「トモダチ」から学ばなかったことで、彼らの「失われた時代」に直面している。どれだけの経済成長が、真に私たちを幸せにしてくれるのだろう?

（ベネズエラ国籍、建築機械、マーケティング・マネジャー〈リヒテンシュタイン在住〉）

経営幹部やさまざまな領域のリーダーたちが、日本に自分たちの在り方を見直すための触媒としての期待を持っていること、そして、確かに日本が、ある基準で見ていくと「よい国」であることも見えてきた。だとしたら、何が課題なのだろうか。

たとえば、プロローグの図2が示すように、4つの因子のうち、「インフラ」因子（23位）は長期低落傾向にあるものの依然比較的高水準だ。「経済パフォーマンス」因子（21位）も比較的良好である。一方で、「政府の効率性（42位）」と「ビジネスの効率性（51位）」の2つの因子が、全体の順位を引き下げている。目を引くのは、「ビジネスの効率性」因子のサブ因子の5つのうち、3つが世界のボトム10に沈んでいるということだ。「姿勢と価値観」が57位、「生産性と効率性」が58位、「経営慣行」に至っては67カ国・地域の中で65位である（247ページの図4参照）。簡単に言えば、恵まれた「科学インフラ」などの強みを経営の力で価値に変えていく部分に課題があるということになる。

図3　よい国としての日本も見える

指標	日本	米国	中国	ドイツ	韓国	台湾	
失業率	❼	32	38	13	❿	15	雇用は安定、高水準
若年失業率	❹	13	38	❽	❿	33	
教育、雇用されていない若者の割合	❶	33		12		51	
殺人件数	❹	56	❾	27	13	31	安全で生活環境も良好
汚染問題の存在	❻	22	39	❽	50	28	
水へのアクセス	❺	38	16	11	13	51	
出生時の平均余命	❷	39	36	28	❺	25	健康で長生きできて
健康寿命	❷	49	33	30	❹	12	
乳幼児死亡率	❼	40	46	22	14	31	
教育評価–PISA	❺	24	❶	18	❻	❽	基礎教育の水準も高い
点数が低くない生徒の割合–PISA	❺	28	❶	17	❼	❽	

（注）●は上位10位以内

出所：IMD World Competitiveness Ranking 2023をもとにした野村総合研究所 未来創発センター 研究レポート Vol. 12（2024年2月）より

「ビジネスの効率性」因子を構成する5つのサブ因子「生産性と効率性」「労働市場」「財務」「経営慣行」「姿勢と価値観」では、利用可能なハードデータが乏しいため、エグゼクティブサーベイへの依存度が高い。そして、ここでのサーベイの結果、すなわち日本で働く経営者・管理職（大半は日本人）の日本に関する評価が著しく低く、かつ低下傾向なのである。日本の回答者たちがある項目に関して10点満点で平均5点をつけていて、A国の回答者たちの回答が平均7点であれば、日本の方がA国より低い順位となる。

たとえば、「（あなたの国では）企業の俊敏性は高い」という設問に対する日本の回答値は、2014年に10点満点で5点弱（55位）であった。これが2024年には4点以下に低下し、67位と最下位に沈んだ。「起業家精神」も同様で、もともと高くない自己評価が時を経てさらに下がっている。「日本人は謙虚なので、低い点数をつけるのだ」という見方は常に存在する。しかし、たとえば「企業の社会的責任（に対する意識は高い）」や「人材の獲得と維持（は企業の優先事項である）」といった設問への回答値は8点前後であり、世界で2位や4位になっているので、謙虚さだけで説明することは困難だ。

日本の回答者の大半が、国際経験を持つ日系大企業の経営者・管理職である。この層が危機感を持つこと自体は健全だ。ただ、10年にわたり回答値、すなわち自己評価が下がり

図4　世界競争力ランキングを読み解く——日本の強みと弱み

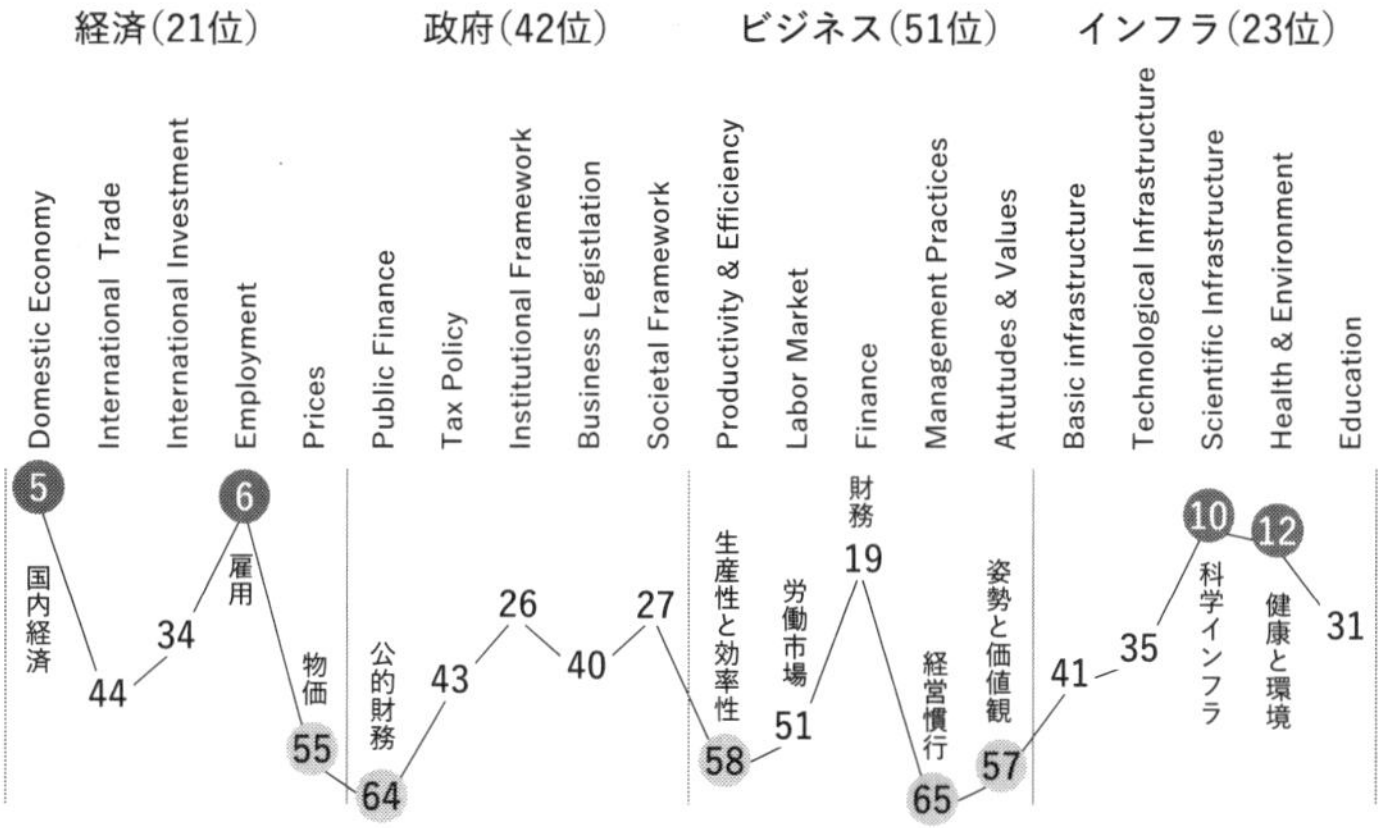

出所：IMD World Competitiveness Center (2024) 訳出は筆者

続けているのであれば、課題は認識しているが有効な対策が打てていない、意味ある行動ができていない、顕著な改善ができていない、ということになるだろう。

その結果、ランキング全体が下がり続け、「日本の競争力がまた落ちた」というヘッドラインだけが拡散していく。少なくともこの10年の日本は、「30年を失ってしまった」「競争力が過去最低を更新した」といったマントラを唱え続けることを通じて、自らの勇気を挫き、自らの行動を萎縮させ、自らをより一層の低迷に落とし込んできた、という見方ができる。いわば予言の自己成就である。

私たちには、自己憐憫という贅沢に浸っている余裕はない。自ら希望を創り出し、勇気を持って機会を生み出し、行動しなければならない。

世界人材ランキングが示す日本の希望と伸びしろ

翻って日本の希望をどこに見出すといいのだろう。

「世界人材ランキング」を見てみよう。これは、「その国で活動する企業が必要な人材を、どの程度育成し、惹きつけ、維持できているか」を測定するものである。日本の順位は、過去5年間下落傾向にあり、2024年は67カ国・地域の中で総合43位と、過去最低を記録した2023年と同じ水準であった。このランキングは以下の3つの因子から構成されている（251ページの図5参照）。

1 「投資と開発」：自国内の人材への投資と育成の状況を測定
2 「魅力」：国内外の人材を惹きつけ、働き続けられる環境を測定
3 「準備」：自国内で蓄積されている人材の能力・スキルの質の測定

最新の2024年版では、日本は「投資と開発」因子で36位であった。この因子は、過去5年間、ほぼ同水準で推移している。

一方、「魅力」因子の順位が2022年の27位から、翌23年に23位、24年に19位と上昇していることは興味深い。項目ごとに見ていくと、「人材の確保定着（が企業にとっての優先事項である）」が2位、「経営陣の報酬」が7位、「司法の公正さ」が18位など、日本で働くことに関するいわゆる衛生要因が一定程度充足している可能性がうかがえる。

しかしながら、「外国人高度人材（がその国の事業環境に魅力を感じているかどうか）」に関する日本の経営幹部のサーベイ回答値は3・70で、順位は56位と極端に低い。インバウンド観光客が増加し続け、年間3000万人を超えるという状況とは不釣り合いだ。「準備」因子は50位台の低迷が続いている。深刻なのは、管理職のスキル不足に関する極めて強い危機感、あるいは悲観である。「上級管理職の国際経験」が十分かという問いに、日本の回答者がつけた評点は平均3・13で、これによって日本はこの指標で67カ国・地域の最下位となっている。管理職に必要な「語学力」の有無を問う指標で66位（3・28点）、「有能な上級管理職」の十分な存在を問う指標でも65位（3・52点）と、世界最低レベルとなっている。一方で、「マネジメント教育」が経済界のニーズを充足しているかに関するランキングは59位と低位にある。「知行不一致（knowing-doing gap）」が垣間見える、と言って差し支えないだろう。

労働人口が急減する中、今後の日本経済の維持成長には、国内で人材を適切に育成していくこと、国外の高度人材を誘致していくこと、そして多様な人材（国籍、年齢、ジェンダー、専門領域など）の活躍を推進していくこと、この3つが不可欠だ。その中で「魅力」因子の上昇は1つの希望である。対して、多様な人材の活躍や貢献の推進を現場で実

図5　世界人材ランキングに見る日本の希望と伸びしろ

2020 ～ 2024 年、全体には下落傾向

総合：その国で活動する企業に必要な人材を、どの程度育成し、惹きつけ、維持できているか

- 投資と開発：自国内の人材への投資と育成の状況を測定
- 魅力：国内外の人材を惹きつけ働き続けられる環境を測定
- 準備：自国内で蓄積されている人材の能力・スキルの質を測定

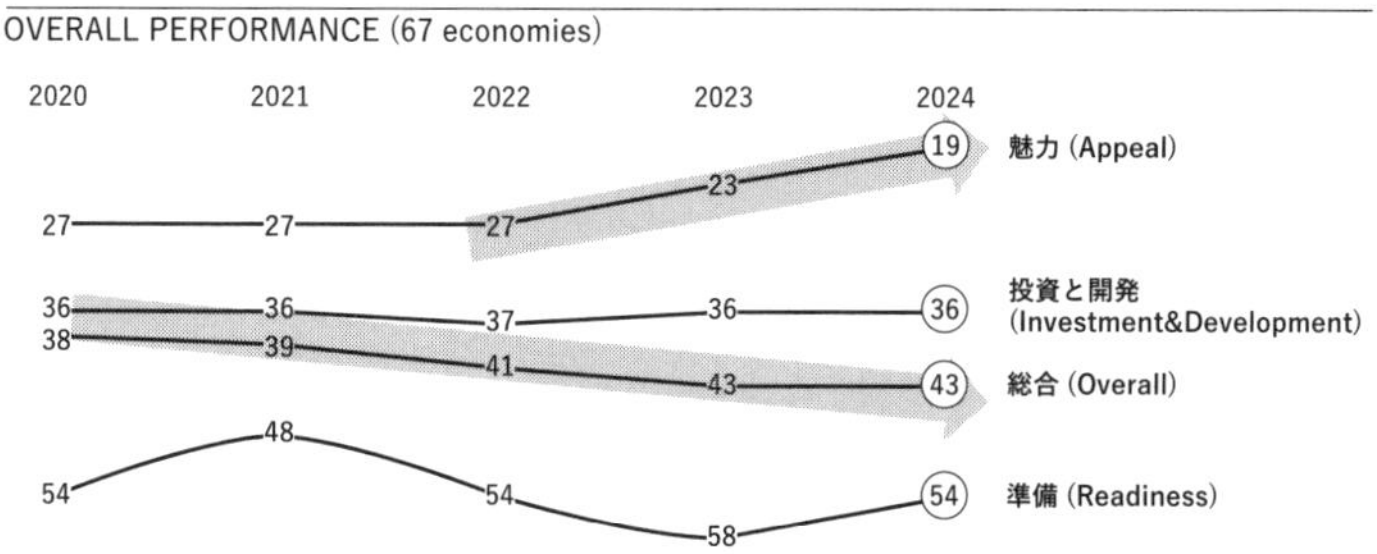

出所：IMD World Competitiveness Center（2024）　訳出と分析、補助線は筆者

際に担うのは経営者・管理職だ。しかし、世界人材ランキングでは、彼らの能力、国際経験、語学力のいずれもが不足していて、彼らに対する教育も不十分である、という見方がくっきりと表れている。「多様性（diversity）」を高める努力は進みつつあるが、それは「包摂性（inclusion）」とセットでなければ、パフォーマンスにつながらない。そのリスクを、このランキングは示している。

逆に言えば、ここに最大の伸びしろと投資機会があるとも言える。日本の経営者・管理職がより前向きで、積極的なマインドセットを持ち、行動し、不足するスキルに適切に投資をし、現状を変えていくことができれば、リターンは大きい。また、外国人高度人材に安心して日本に働きに来てもらい、活躍・貢献してもらう環境を産官学の対話と協働を通じて醸成し、現場での実践につなげることができれば、日本の伸びしろは大きい。

エピローグ

世界の経営幹部を感化する日本

日本に必要な新しいナラティブ――①超調整型経済としての日本

私は経営学者ではない。ただ、世界的なビジネススクールと日本の経済社会をつなぐ立場を担い続けてきたということは、多くの経営学者を同僚に持ち、彼らとの交流や協働を重ねてきたことを意味する。ＩＭＤ以外でも、内外の経営学や他のさまざまな学問の研究者と対話したり、彼らの著作物や論考に触れたりする機会に恵まれてきた。そうしたさまざまな論考の中で、「失われた30年」とは異なるナラティブを提案している2人の経営学者の考えの一部をここで紹介したい。

ひとりは、京都出身で、米国での研究・勤務・教育経験も豊富な、一橋大学ＩＣＳ教授の藤川佳則である。もうひとりは、ドイツ出身、米カリフォルニア大学サンディエゴ校教授のウリケ・シェーデ（Ulrike Schaede）である。

日本トリップの提供経験が豊富で、多彩で説得力あるコンテンツを有する藤川の講義の中で、私がいつも強い印象を受けるものがある。彼は、いくつかの地図をスクリーンに映しながら、このように語り始める。

日本の国土の面積（約38万平米）は、ノルウェーのそれとほぼ同じだ。国土のおよそ7割を森林が占めることも、どちらの国民も魚を好んで食べることも似ている。一方、人口は日本のおよそ1億2400万人に対し、ノルウェーは約550万人にすぎない（兵庫県や北海道と同じ規模だ）。ノルウェーは国内の電力需要をほぼ水力発電で賄うことができ、北海で採掘する石油や天然ガスは、主に欧州諸国に輸出され外貨を稼ぐだけの豊富さを有している。単純に言うなら、ノルウェーと同じ限られた居住可能面積に住む約23倍の人口を、天然のエネルギー資源に依存できずに支えなければならないのが日本、ということだ。

東京という都市の巨大さにも、藤川は言及する。彼が首都圏の鉄道路線図を見せる瞬間は、セッションのハイライトの1つだ。海外からの参加者たちは、その複雑性に圧倒される。首都圏（東京都、神奈川県、千葉県、埼玉県）の鉄道網は158の路線、2210の駅からなる総延長4715キロを、48の企業が運営しているという。乗客数は、年間延べ

146億人（1日当たり約4000万人）に上るという。同じ線路を各駅停車、急行や特急が滞りなく走り、さらに、それぞれが路線や企業の壁を超えたタイムリーな乗り換えや乗り継ぎ、相互乗り入れを日々行っているのだ。列車はラッシュ時であれば数分単位でプラットフォームに滑り込み、到着や出発の遅延が数分程度であったとしても運転士か車掌が乗客に謝罪する、という水準の正確性で日々運行されている。

さらに驚くべきことがある。路線図は二次元で描かれているが、実際には前述の1日当たり約4000万人の乗客の22％（866万人）が地下鉄を利用している。つまり、路線の調整は三次元で行われているのだ。利用したことのある読者ならイメージがつきやすいだろうが、たとえば東京の渋谷駅では、地下5階の東急東横線と東京メトロ副都心線から、地上3階の京王井の頭線にいたるまで、4つの運営企業（JR東日本、東京メトロ、東急、京王）の7つの路線が乗り入れているのだ。

これだけ大規模で複雑な鉄道システムを正確、頻繁かつ清潔に運用している都市は、世界に他に存在しない。

この現実を可能にする調整能力に思いを馳せてみよう。利用者が享受する便利さと快適さは、路線の構想や設計段階に始まり、用地の確保から線路の建設、トンネルの掘削、駅の設計、乗客の極力スムーズな乗り換えを可能にする動線の設計や表示の設置から、ダイヤの構築、終電時間の調整、課金システムの設計（近年はパスモやスイカなどがスマートフォンのアプリとして使用できるようになり、さらに利便性が増した）、遅延や事故の際のルールの制定に至るまでの、途方もなく複雑な調整の上に成り立っている。

藤川は、こうした例を使いながら、超調整型経済（Hyper-Coordinated Economy）としての日本という1つのナラティブを示した。

調整（coordination）という概念は、地味だが、それは、利害関係者間の協力や合意形成を重視する日本の文化的な特性の1つの表れでもある。時に私たちは、破壊的な革新や既存の秩序の転換を示唆するディスラプション（disruption）、飛躍的あるいは画期的な進展というニュアンスを持つブレークスルー（breakthrough）、革新や創造を意味することの多いイノベーション（innovation）といった概念に憧れる。それはそれで希求され、賞賛されるべきことだ。現状を大きく揺るがす力は、魅力的であり、必要でもある。しかし、調整による安定的な進化や、持続可能な形での革新には、独自の大きな恩恵がある。

日本に必要な新しいナラティブ――②タイトな文化とルーズな文化という選択

ウリケ・シェーデ教授は長年にわたって日本企業の研究を積み重ねてきた。彼女の最近の著作〔『再興THE KAISHA　日本のビジネス・リインベンション』（日本経済新聞出版）や『シン・日本の経営　悲観バイアスを排す』（日経プレミアシリーズ）〕も、ユニークなナラティブを提供している。


「30年間、悪いニュースが続く日本がまだ消滅していないのはなぜか」

「日本が、大きな政治的な動乱もなく、その大都市は快適で清潔で安全で、全体として安定した社会として停滞を乗り越えたのはなぜか」

「人口では世界11位の日本が、いまだ世界第3位の経済大国であるのはなぜか」

日本のメディアや経済界で支配的な悲観的議論に固執する代わりに、こうしたポジティブな、異なる問いを持つことによって、新たな見方が生まれる。彼女は、ビジネス映像メディア・PIVOTでのインタビューでそう答えている。

同じインタビューでシェーデは、米国の心理学者ミシェル・ゲルファンド（Michele Gelfand）の論稿を引用しながら、タイトな文化とルーズな文化、というコンセプトについて語り、日本と米国、とりわけシリコンバレーを比較した。

想像に難くないと思うが、日本はかなりタイトな文化を持つ国々の1つだ。秩序、規律、協調性が重視される。一方、米国はルーズな文化を持つ国々に含まれる。個性や創造性が重視されやすい。おそらく、シリコンバレーは米国の中でもとりわけルーズな文化の強い地域だろう。

シェーデは、シリコンバレーはどんどん私たちの世界を変えていく素晴らしい場所だけれども、誰にでも向いているわけではない、と言う。

よく、日本においては、彼の地の「失敗を許容する文化」が、そこでのイノベーションの秘訣として語られるが、彼女は「米国人だって失敗したいわけではない。そして、日本の社会がそのような過激な状況を望んでいるとは思えない。日本はすべてがもっと穏やかなのです」とも述べている。極端な成功も極端な失敗もない。徹底的に打ちのめされることもない。

これは、「どちらがよいか」という議論ではなく、「どちらを選ぶか」の問題だと言う。そして日本は、明らかにゆっくり進める方法を選んだのだと。

シェーデは、働き方改革も20年かかったと見ていて、世代が交代したことが変革に寄与した、と考えている。終身雇用制度についても、それが段階的に廃止されるという事実を、人々が時間をかけて徐々に理解していったと解釈している。新しい「正しい方法」に長期的に移行していったのだ。

変化に時間がかかっているからといって、日本がただ停滞しているわけではない。シェーデは著作でこうも記している。

重要な原材料や部品に日本製が用いられている製品を使わない日はまずない（中略）自動車、飛行機、携帯電話、コンピュータ、スマート・サーモスタットから電動歯ブラシまで、ほぼすべての家電が「ジャパン・インサイド」となっている。（中略）日本が製品の複雑さと影響力で世界第1位という理由はここにあるのだ。また、この「見えづらさ」は、第1位であることを知って驚く人が多い要因にもなっている。

『シン・日本の経営　悲観バイアスを排す』（日経プレミアシリーズ）

この30年、日本においてすべてが失われたわけでは、決してない。その中でも、リーマンショックや、震災などの苦難を乗り越えて世界的な成功や目覚ましい成長を収めた企業は存在する。スタートアップのエコシステムも、独自の形で発展してきている。人材の流動性ははるかに増した。もちろん、さまざまな課題はまだまだ存在する。

しかし、失ったものを悔いたり、持っていないものを嘆いたりし続けるのか。それともいま自分たちが持っているものを生かしたり、そこから新たな価値を生み出したりしていくのか。それは選択の問題だ。禅や生け花や合気道の教えも、煎じ詰めればその選択をどう行い、「いま、ここ」を生き、いかしていくのかを私たちに問うている。

日本流イノベーションのすがた

組織心理学者のヘールト・ホフステード（Geert Hofstede）が考案した「六次元モデル」は異文化コミュニケーションの課題を解決するフレームワークとして知られる。これはさまざまな国や地域の文化的特性を6つの次元で比較するものだ。

IMDのカントリー・アソシエイト・ディレクターとして私と共に働く宮林隆吉が、2019年に宮森千嘉子と共に著した『経営戦略としての異文化適応力』（日本能率協会マネジメントセンター）では、ホフステードの6つの次元、すなわち「個人主義志向／集団主義」「権力格差（階層志向／参加志向）」「不確実性の回避／あいまいさの許容」「達成志向／生活の質志向」「長期志向／短期志向」「人生を楽しむ志向／抑制志向」のうち、日本は特に2つの次元において突出した傾向を示すという。それは「不確実性の回避」と「達成志向」であり、ともに90パーセンタイルを超えている。

たとえば、前述した複雑で精緻な鉄道網の構築・運営は、「不確実性の回避」と「達成志向」の両方が強いことによって支えられていると言えるだろう。藤川の言う「超調整型経済」は、こうした文化的土壌があるからこそ成り立っている、という見方もできる。藤川は「こうした調整能力を、文化的背景を共有しない、さまざまな人たちとできるようになることが、組織としての日本企業はもとより、個人としての日本人、日本のリーダーにとって大事なのではないか」とあえて問題提起をする。

先に私は、世界人材ランキングの分析を基盤に、外国人高度人材の活躍と貢献を推進する日本の経営者・管理職のマネジメント力の開発に伸びしろがある、と論じた。このマネジメント力の1つの重要な基盤が、自らの文化的特性を認識することと、そうした文化的特性を他者とともに体感する機会をつくることの組み合わせにあると私は考える。GIJに参加した世界各国の経営幹部にとっても、また彼らと対峙した日本のリーダーたちにとっても意味ある機会になったとすれば、まさにその組み合わせを生み出す場になったからではないか。

なぜ、「感化」なのか

この本も締めくくりの段階に入ってきた。ここまでお付き合いいただいた読者に心から感謝したい。そして、全体を振り返りながら、私の願いについても記していきたい。

タイトルに私は、「感化（inspiration）」という言葉を選んだ。ある心理学者との対話の中で、この言葉の意味について探究する機会を持った。感化とは、ある人や物事が他者に対して心理的な影響を与え、その考え方、感情、行動に変化をもたらすプロセスを指すという。そして、感化は、直接的な指示や強制ではなく、より自然な形で他者の心に影響を与えるものだという。私は、この中の「直接的な指示や強制ではなく、より自然な形で」という部分に心を惹かれるし、GIJが目指したことも実現したことも、それであったと信じたい。思えば、19世紀末から20世紀のはじめにかけての「ジャポニズム（Japonisme）」において欧州の最良の芸術家たちが経験したことも、感化そのものであったと思う。

これは、個人が他者の特性、態度、行動などを取り入れて、自分の一部として感じるプロセスを指す「同一化（identification）」とは異なる。また、心理学用語とは言えないけれども、文化的な文脈で「かぶれる」という言葉を私たちはよく使う。「アメリカかぶれ」とか「フランスかぶれ」といった形で。こちらは、特定の文化や価値観に一時的に深く影響を受けて、それを模倣したり取り入れたりすることを指す。そしてしばしば、それらを過度に取り入れることを揶揄《やゆ》する言葉として使われる。ちなみに、「ジャポニズム」の前に「ジャポネズリー（Japonaiserie）」という段階があった（あるいはそこにとどまった人たちがいた）。後者は前者に比べて、より表層的なモチーフの取り込みや模倣にとどまる概念で、まさに「日本かぶれ」という言葉の感覚に近いだろう。

同一化、かぶれ――。

どちらも、私が本書を通じて伝えたい営みとは、まったく異なるものだ。

先の心理学者は、「感化」を可能にする前提には「自覚」があるだろう、と語ってくれた。自分の内側に感化されるべきなにか、あるいは、問いや葛藤がある。そのことを本人は自覚している。そこに外側からの何らかの刺激がある。この内側と外側の相互作用こそが感化を可能にするのだろう、と私は理解した。

GIJに参加した世界各国の経営幹部の中には、それぞれの職業的あるいは私的な生活の中でのさまざまな問いや葛藤があった。EMBAの「学びの旅路」とはまさに、時にコーチングなどの手法も駆使しながら、それを明らかにし、自覚を促し、それに対する解の希求を支援していくプロセスであったとも言えるだろう。そのプロセスが前提にあったからこそ、GIJが、同一化やかぶれを促すのではなく、感化の醸成と呼ぶにふさわしい営みになりえたのではないか、と私は考える。

改めて文化セッションからの学びを振り返る

各講で私は、読者のみなさまに、読む前にイメージすべき問いを投げかけ、さらに読んだ後に考察すべき問いを投げかけた。だから、以下の私の極めて雑駁《ざっぱく》なまとめは、まさに蛇足かもしれないが、振り返りのために記したい。

禅の講義で、松山大耕は、心を整える時間を持つことの大切さを教えてくれた。大きな移行の中にあるこの世界において、どのように心の安寧を保つか、レジリエンスを育むか、そしてリフレクションを生み出すかについて、多くの示唆を提供してくれた。

生け花の山崎繭加は、美を見出し、それをいかすことを体感させてくれた。他者の考えを受け容れること、流れを生かすこと、間《ま》を大切にすること、それらすべてが、チームのマネジメントやイノベーションの創出に具体的かつ貴重な教訓を与えてくれた。

合気道では須貝圭絵が語った精力善用・自他共栄、「気・体・智・徳・備心」といった考え方が心に残ったかもしれない。実際に体を動かすことを通じて、コアと柔軟性の両立がレジリエンスの基盤たりうること、競合や攻撃などの「危」は「機」に変えることができるということも学んだ。

日本酒のセッションでは、セバスチャン・ルモアンヌと共に、社会や自然環境と持続的に共生していく在り方を探究した。そして、匠と彼らが歩む道に関する事例を通じて、豊かな人格的成長について、そして人智の及ばないことに対する畏敬の念を持つことの尊さについても考察した。

エバレット・ケネディ・ブラウンの「きく」力に関する考察は、それまでの4つの講義を受けつつ、「きく」ことが生み出す謙虚で誠実な在り方について深めてくれた。加えて、身体知の大切さと、その伝統を大切にしてきた日本人すらそれを改めて取り戻すべきだ、との問題提起をしてくれた。

さまざまな意味で、世界が難しい局面にあるいまだからこそ、私たちは、他者に同一化するのでもかぶれるのでもなく、互いからの感化に前向きであることが大切だ。みずからをきき、互いをきくことは、その出発点となる。

日本の読者へ――私たち自身の足元を見つめよう

私にとって本書を組み立てていくプロセスは、自分の足元を見つめ直すプロセスとなった。だから、私の同胞たる日本の読者に、改めて私の願いと期待を伝えたい。

日本という国、そしてこの国で私たちが、おそらく日頃意識することもなく依存したり活用したりしている文化、思想、方法には、いまの世界だからこそより大切な価値がある。私たちは、その価値にもっと自覚的になっていい。私たち自身がそれを学び、使い、伝えられるようにしていくのだ。

生成AIやITの進化を通じて、多くのことをデジタル機器につながれた視覚や聴覚で知ることができる（ような感覚を得られる）、そして指先で動かせる（ような錯覚を得られる）世界だからこそ、身体知を育み活かすこと、また、聞慧や思慧だけでなく、修慧を駆使していくことに、取り組んでいきたい。

そこには、経済的な価値も伴うだろう。

毎年3000万人を超える観光客が日本を訪れるようになったいま、彼らのほんの一部にでもよいので、日本を深く知る機会を提供するのだ。現時点で、観光客に対して日本文化体験を提供するとうたうさまざまな試みは実に玉石混交である。

今回、GIJで演習を提供してくれた仲間たちはもちろんのこと、質の高い経験を提供できる個人やチームは日本のあちこちに存在するし、言葉の壁を超えられる人材もいる。彼らとつながり、彼らの活躍の機会を増やすことには大きな可能性がある。

「これからの世界と社会の在り方」について深く省察し、探究する場として、世界の各界のリーダー、思想家、学者やクリエイティブ人材を日本に中長期的に招くことができれば、より広く人類のウェルビーイングに資するさまざまなイノベーションが、日本の地で、あるいは日本に感化された形で生まれることは十分にありえると思う。そこでは、文化だけではなく、優れた科学技術の専門家や、特定領域で圧倒的な実力を持つ日本企業とのコラボレーションも大きな貢献を果たすだろう。

世界の人々へ――共に体験し、対話し、探究しよう

今回の、そして今後のGIJの参加者を含めて、海外の人々、とりわけ何らかの組織（産官学）のリーダーたちにも伝えたいことがある。

私たちの世界は、全体として難しい局面にある。多くの国で経済格差が拡がったり、政治的分断が起こったりしている。国際的な枠組みが根本的に変わろうとしている。また、気候変動に伴い、さまざまな自然災害の頻度も上がっており、さらなる激化も予想される。

そうした自然災害と歴史的に常に対峙してきた日本は、人々の調和の力を通じて、そして集団的かつ個人的なレジリエンスを発揮することでそれを乗り越えてきた。それは当然、簡単な道のりではなかった。しかし、その過程の中で、時に俊敏性よりも熟慮すること、必要な間《ま》をとって検討していくこと、さまざまな利害関係者との困難な調整を図っていくことを学んできた。そのプロセス自体を、リフレクティブなリーダーシップ、と呼ぶこともできるだろう。

断言はできないが、それが日本ならではのフューチャー・レディネスにつながっている

かもしれない。私は、本当の意味でフューチャーレディな国家も企業も個人も存在しない、と考えている。しかし、レジリエンスを育み、活かすことはできる。

こうした文脈の中で、世界のさまざまな人々が、いま日本になにかヒントがありそうだと考えてくれていることは、ありがたいことだと心から思う。

ぜひ、日本に来てなにかを感じてほしい。その時はぜひ、頭だけではなく、体と心も使って日本に没入してほしい。そして「きく」ことを心掛けてほしい。きっと、何らかの感化を得ることができるだろう。

それだけではない。ぜひ、自分の国や地域の文化を再訪してほしい。そこにはなにか豊かなものがあるに違いない。それを私たちにも共有してほしい。

そして、日本の私たちは、あなたたちが「きく」ことを歓迎し、それに応える形で分かちあえるようになっていきたい。そして、私たちもあなたたちに対して「きく」ことをしたい。それこそ、ＩＭＤ世界人材ランキングが示した日本の伸びしろであり、私たちに必要な包摂性なのだから。互いにきくこと、すなわち真の対話を通じて、あたかも「チームＩＫＥＲＵ」で経験したような、思いがけない美しさを一緒に出現させていこう。

世界と日本が学び合い共に創る未来

ＩＭＤでは今後、世界で、アジアで、グローバル・イマージョンの展開にさらに力を入れていく。日本はその中で、先駆的な役割を果たしていく。

この本での描写には間に合わなかったが、２０２４年12月にはインドネシアの国有企業の経営幹部40名を招き、東京と鎌倉でのＧＩＪを展開した。参加者の学びの質を鑑みれば、これは大きな成功であったと言っていいだろう。そして、このコラボレーションは今後数年の間にさらに回数を重ねることになるだろう。

２０２５年5月には、ＥＭＢＡを対象とした3回目のＧＩＪを東京で行う。さらに、ブラジルのさまざまな企業の経営幹部を、京都と大阪（関西万博）に迎える予定だ。いずれにおいても、ビジネスとカルチャーの両方を統合的に、深く、体感できるものにしていく。

そしてＧＩＪを、日本企業の経営幹部育成にも価値あるものとして提案・提供していきたい。日本の大企業は近年、買収などを通じて、海外事業の比率を飛躍的に高めてきた。当然その中で、日本の経営幹部と、被買収企業出身者を含めた世界各国の経営幹部がつながり、共に「学びの旅路」を歩む経験の大切さは増していく。そうした中でGIJのようなアプローチが果たしうる役割も大きい。

それだけでなく、本書が、さまざまな場や組織においてすでにある有意義な取り組みが加速することの、新たな取り組みが行われることの、そして、新たな出会いや対話が生まれることのきっかけになるなら嬉しい。私が交流を重ねて来た内外の多くの人々は、オルタナティブな在り方・生き方・歩み方の必要性に切実に共感してくれた。そして、その智慧の源泉としての日本への期待を語ってくれた。

GIJも、この本も、さまざまな素晴らしい人々との出会いによって生まれた。

それは私自身のいかなる想像をも超えるものだった。

ここには、なにかがある。

そして、ここから出現する未来を、私は楽しみにしている。

解説　ヴァニーナ・ファーバー（ＩＭＤ教授　ＥＭＢＡプログラム・ディレクター）

ＩＭＤのＧＩでは、人口が多く、技術が発達し、活気があり、さまざまな人々が相互に刺激し合っている都市を舞台に、その背後にある文化を体感しながら、これからのビジネス、社会、世界の在り方を考察しようとするものだ。かつては「発見のための探検（Discovery Expedition）」と呼び、長年続けてきたが、単なる観察者であることを超えた深い学びの機会を提供したい、という思いから「世界への没入（Global Immersion）」と改称した。これまでも、ビジネスの未来を握る世界のさまざまな国や都市で行ってきたが、東京もそうした要素を備えた魅力的な開催地になるだろう、と考えた。

東京での2回のプログラムを終えてみて、一連の文化セッションを行わなかったとしたら、日本のビジネス、課題や可能性を本当の意味では理解することができなかっただろう、と感じている。坐禅、生け花、合気道、酒造りの世界に没入し、その背後にある思想や哲学、世界観を探究する。そこに根差した日本の持つコミュニティ意識やビジネスをする前に信頼を築こうとする感覚といった学びは、すべてのビジネスパーソンが経験すべきだろう。ＩＭＤに集う世界の経営幹部がこうした経験をすることには非常に大きな価値がある。

私たちが提供する学びの旅路から何が得られるのか？　それは非常に豊かな経験だ。教育者である私自身、日本への旅でポジティブな日本を発見した。外国人は日本と日本人に対し緻密さや秩序、勤勉といったイメージを持つ。実際、東京の整然とした街を歩いたり、定刻で動く地下鉄に乗ったりする中で、日々、日本と日本人に驚かされるばかりだった。

日本人や日本企業は、過去数十年を「失われた」ものとして自分たちを厳しく評している。私は日本のすべてを見ていないが、少なくとも東京の街は繁栄を享受しており、失われているようには見えなかった。「失われたX年」は、日本にとって失われた時ではなく、レジリエンスの時だったのではないか。日本はそれを世界に伝えるべきではないだろうか。

次の言葉は、ある参加者のコメントである。少し長いが引用したい。

> 不確実性がますます増大する世界にあって、一部の企業はその揺るぎない適応能力と繁栄で際立っている。日本の企業部門はその典型だ。彼らの秘密兵器は最先端技術でも底なしの資源でもなく、深く根付いた文化的概念、「和」である。

日本でのGーで、私はこの原則を目の当たりにした。それは単なる礼儀や美意識の問題ではなく、どんな嵐にも打ち勝つ企業文化の基盤なのだ。和の理念は、長期的な成功の原動力となる相互尊重と目的の共有を育む。

日本企業は集団学習の力を重んじ、知識の共有と継続的なカイゼン（改善）を重視する。過去の成功や失敗から学んだ教訓は綿密に記録され、何世代にもわたって従業員に受け継がれる。この集合的な知恵のアーカイブが、会社の将来への備えを担保しているのだ。自分の専門知識だけでなく、前任者たちが蓄積した知識にもアクセスできる問題解決チームを想像してみてほしい。これが、イノベーションと回復力《レジリエンス》を生み出す強い力となる。

日本には「出る杭は打たれる」ということわざがあるという。厳しい言い方に聞こえるかもしれないが、これは個人の才能よりも集団の努力の力を強調するものだ。「和」はオープンなコミュニケーションと責任の共有を強調する。それはまるで交響曲のように、すべての楽器がそれぞれの役割を果たすことで傑作が生まれるのであって、ソロが競い合う不協和音ではない。

日本には自然災害を克服してきた長い歴史がある。地震、津波、台風……これらの出来事は、企業に驚くべき回復力と適応能力の獲得を強いた。彼らは、剛性は崩壊につながるが、柔軟性があれば風によって曲がったとしても、より強く跳ね返せることを理解している。それは、嵐の中で揺れ動きながらも決して折れない竹のようなもので、粉々に砕け散るかもしれない樫の大木とは違うのだ。

(南アフリカ国籍、日用消費財、グローバル・コーポレート・コミュニケーション・マネジャー〈スイス在住〉)

2度にわたるGIJは、一條和生教授(カズ)と高津尚志(ナオシ)のサポートなしに実現しなかった。全体を通して彼らは信じられないほどの協働と貢献をした。彼らは、すべての参加者にユニークな扉を開き、日本から世界に影響を与える人々であった。2人このような革新的なプログラムをつくるには、彼らの知識と意欲が不可欠だった。2人の持つ個人的な信念や情熱、そしてさまざまな産官学・文化領域のリーダーや企業との深い信頼関係が、場をつくり、場を動かした。

活気ある素晴らしい都市と長い歴史を持つ文化という舞台装置。情熱的で素晴らしいスタッフ間の相互作用。教員《ファカルティ》と各界を先導するリーダーが、その地域に固有の知識を持ち、社会的関係資本を生かし、そして何より、その国のありのままの姿を共有したいという強い情熱を持つ。それがＧＩＪを比類なき経験へと高めてくれた。

本物《オーセンティック》、現実《リアル》の日本を、世界の経営幹部に伝えたい。課題も、可能性も、すべて――。カズとナオシ、そしてＧＩＪに携わったすべての関係者はそうした思いから、自分たちの経験や洞察、能力を惜しみなく分かち合ってくれた。プログラムのどの段階にも、リフレクティブ・リーダーシップの要素を組み込んだ。その細く赤い糸をいかに維持し、ビジネスセッションと文化セッションが結びつき、参加者が日本の哲学を理解する機会をつくっていったか。本書ではその文化セッションに特に焦点を当てた形で綴られる。

リフレクティブ・リーダーシップとは座って振り返ることではない。多くの場合、経験そのものが振り返りを促す。私たちはＧＩＪの期間中、定期的に振り返り《リフレクション》の時間を設けた。会場のカフェ・スペースや廊下などでも参加者同士が、日本の話題から彼ら自身の夢にいたるまで、対話する姿が見られた。そこでは、「どのように（How?）」というさらなる問いも投げかけられていた。

エグゼクティブ教育は多くの場合、知識に重きが置かれ、参加者も思考のフレームワークを期待する傾向がある。自分なりに内省する瞬間となる振り返りですらフレームワークを求められかねない。

GIで私たちが取り組んでいることは、それとは少し異なる体験である。

私たちはさまざまな状況から学ぶことを提案した。知らない国、知らない言語の国に行くと、私たちは自分が少し迷子になったような、子どものような気分になる。子どもたちは、まずはやってみて、試してみて、間違いを犯し、転び、そして学ぶ。それは帰納的なアプローチといえる。それに対して大人は、何らかの原則や考え方から結論を導こうとする、つまり演繹的な手法をとりがちだ。エグゼクティブ教育は、参加者それぞれが優れた知性と豊富な経験を持っていること、自ら点と点を結ぶことができることへの信頼を前提とする。私たちが提供するのは、そのためのさまざまなきっかけや感化の機会なのだ。

一方で、異なる世界から敬意をもって学ぶにはどうしたらよいのだろうか？

たとえば、合気道は、自分の精力を善用すること、力に優雅に向き合うこと、争いを調和に変えること、攻撃に正面から対抗するかわりにその軌道を微妙にずらすことを教えてくれた。私たちは、感謝の気持ちを込めたお辞儀で攻撃者のエネルギーを転換させるという演習を行った。その後、2人の身体の相反する力を均衡させることで2人一緒に立ち上がる背合わせの演習も行った。それらは非常に強力なメタファーだった。

初回のＧＩＪを開催したあと、２０２３年にパレスチナとイスラエルの若者たちをＩＭＤに招き、あるプログラムを実施する機会を得た。その際、合気道にヒントを得て、背合わせの実技を体験してもらった。その体験は、相反する民族同士が、互いのエネルギーを合わせて未来を創り出すという、極めてパワフルなイメージをもたらしてくれた。

合気道の別の演習では「剣」を使ったが、その武器に固執するのではなく、相手との「間合い」に集中し、自らの内なるエネルギーを導くことも学んだ。相手からの一打は教訓であり、自分の弱点を浮き彫りにしつつ、同時に学習と感謝の機会をもたらすものだった。

須貝圭絵が強調していたのは、技術そのものの習得ではなく、むしろ、よき人格形成への道であった。それは、私たちの間に、対立ではなく、相互理解を促進する潜在能力があることを再確認させるものでもあった。

合気道の体得は、一貫した稽古の賜物だ。稽古を通じて、自らがいま、ここに居ることを意識し（presence）、自らに目覚め（awareness）、受容する（acceptance）力を培う。そして、常に内弟子としての心構えを持って、生涯を通じた学びの旅路を歩む。

学びの旅路において私たちは、素直に対象に触れ、順応し、子どものように遊ぶのがよい。遊び心が伴う行動は、合理化したり、点を結んだりするのとは異なるリフレクションを引き起こす。私はそうした学びを愛する。それはある種の異文化体験を経て、起こるものでもある。

企業の在り方と伝統文化に触れる東京での一連のセッションは、私たちが予想していたよりもはるかに深く多様なリフレクションを生み出した。それがＩＭＤマジックだ。

エグゼクティブ教育の提供者として、私たちに必要なのは、プロセスを組み立て、それを信頼することだ。ばらばらに見えるピースを並べ、適切な人材を適切な場所に配置する。そのとき、プロセス全体を制御しようとする必要はない。創造的な流れを得て、そこに参加する多くの人々の喜びがプロセスに表出するとき、参加者はそのことを楽しみ、感化される。それはＧＩＪでのリフレクションの、最高の帰結の１つでもあった。

あとがき

この数年、ＩＭＤのチームの一員としてＧＩＪをつくり提供してきたプロセス、そしてまた今回、編集チームに支えられながらこの本をまとめていくプロセス、そのいずれもが、私にとっての移行であり、学びの旅路だった。

このプロセスを通じて私は、私自身が「いま、ここ」でなにをすべきなのか、したいのかを自覚することができた。

私は、日本で生まれ日本で教育を受けた。17歳の時、ＡＦＳ留学生としてカナダのフランス語圏ケベック州で現地のホストファミリーのもとで暮らしながら現地の高校に1年間通った。それ以来、洋の東西の狭間を生きてきたように思う。

東京での大学時代には、そのＡＦＳで異文化交流促進のボランティア活動に取り組んだり、外務省の外郭団体でアルバイトの通訳兼ガイドとして世界各国のゲストと共に京都や自動車工場や（当時の）先端企業を訪ねたり、米国やフランスに旅をしたりした。

卒業してからはいくつかの異なる企業や組織で働き、その間、3年弱フランスに住み、学び、働く機会をいただいたりした。国際的なプロジェクトにかかわり、南米と南極以外の世界のすべての大陸に出かけ、一方で日本全国津々浦々を訪ね、ずいぶんさまざまな（時にかなり変わった）人たちと知り合い、語り合った。いろいろな領域や世代の友人たちに恵まれた。

一方、本当は文化や芸術に関心が強いのにマネーやロジックの世界に迷い込んでしまい（時代のせいにしておこう）、葛藤や矛盾を抱えながら生きてきた。

これまでの旅路は、そういう自分だから生み出し得る価値、すべきこと、したいことがあることを知る「個性化」のプロセスであった。長く曲がりくねった道のりだったが、いまは洋の東西の狭間で摩擦に耐えるかわりに、両方を俯瞰して止揚しようとする境地に至ったような気がしている。

私は匠でも、師範でも、達人でもない。また学者でもなければ、大きな組織の経営者でもない。でも、だからこそ果たせる役割があった。キュレーター、ファシリテーター、あるいはプロデューサーと表現しても言いすぎではない、と感じている。

そんな風に感じられる私をつくってくださった、いままで私に直接的あるいは間接的にかかわってくださったすべてのみなさまに、「ありがとう」と申し上げたい。

このこと自体が、奇跡なのだ。本当は、その言葉でこの本を終えたい。

とはいえ、今回のプロセスで特にお世話になった方々についても感謝を伝えたい。

松山大耕、山崎繭加、須貝圭絵、セバスチャン・ルモアンヌ、そしてエバレット・ケネディ・ブラウンに。それぞれ約2時間という短い時間で、本来ならば長年の鍛錬や熟達を前提とする深い営みに、極めてわかりやすい入り口を設けてくれたあなたがたの力量はとてつもないものだ。そして、そのことについて私が拙くも文章化することを認め、励まし、内容の確認や考査をしてくれたことにも感謝したい。あなたがたから私が学んだことは、GIJやこの本を超えて、私の人生そのものを感化している。

私が文中で触れることができた、できなかったにかかわらず、GIJに協力くださったすべての個人と組織のみなさまに。また、オークラ東京やJTB、アカデミーヒルズのチームの方々に。みなさまの貢献なしでは、何も生まれなかった。

ヴァニーナ・ファーバー、一條和生、そしてIMDの仲間たちすべてに。GIJにおける文化セッションに期待をし、その実現を支援してくれたことに。「現状に疑義を呈し、ありうる形・なりうる姿を感化する」という素晴らしい目的を与えてくれたことに。

大学院大学至善館で、ケネディ・ブラウンと私が担当した「JAPANプロジェクト」

に登壇したり、支援したりしてくださったすべての個人と組織のみなさまに。野田智義、デリック・トラン、伏木洋平には特に大きな支援と指導をたまわった。そして京都・西陣織の老舗、「細尾」の細尾真生代表取締役会長には多くを教えていただいた。

GIJに参加した世界各国の経営幹部や、至善館で学ぶ世界と日本の若きリーダーたちに。みなさんが文化セッションに没頭する様子を観察し、そこからの学びを一緒に省察するプロセスは、純粋な喜びだった。

この本の編集チームに。私たちは、「チームIKERU」を結果的に体現した、と思う。大熊希美は、制作の初期段階での私の素材の検討や追加取材、講師たちへのさらなる確認の過程において、常に周到な準備を行い、深い問いかけをし、必要な調査を加えて、さまざまな「花材」を揃えてくれた。私は、身体的な感覚でそれらと向き合い、流れを生かしたり、時に抜いたり、別の花材を挿したりすることに集中できた。

福田恭子は、「鋭い鋏」だった。丁寧に説明したい、エピソードや言葉を加えたい、という足し算思考に陥りがちだった私の文章から、見事に「枝葉」を切り省いてくれた。彼女の基準は常に「この本が読者に本当に伝えるべきことはなにか」にあり、そのための剪定を大胆かつ丁寧に施してくれた。

三田真美が、初めてのＧＩＪについて記した２０２３年初夏の私のＳＮＳ投稿を見て、「この話を本にしたい」というメッセージをくれていなければ、この本はなかった。そして、私がスランプに陥り、にっちもさっちもいかなくなった時に、いわば「花器」そのものを取り替えるという提案と時間をくれた。彼女との1年半にわたる協働の中で、私たちは、「既に知っていることを本にまとめる」のではなく、「本にまとめるプロセスで新たに知っていく」という真理を体験した。まさにこの本は、そのように「立ち現われた」ものだ。三田を中心としたこのチームと、その旅路を歩めたことは、私にとってかけがえのない人生の恵みだ。

「どうして自分の名前がここにないのか」と感じているすべての人々に。ごめんなさい。いま、みなさまの顔が私の頭に浮かんでいます。みなさまがいなければ、私はここにいません。ＧＩＪも、この本も存在しなかったでしょう。そのことをぜひ、確信してください（きっとご存じでしょうけれど）。

最後に、家族に。

妻は、私の一番の理解者、応援者であろうとし続けてくれている。そして彼女のリフレクションの力は、常に私のレジリエンスの源だ。ありがとう。

高校生の息子は、40余年前に私がカナダで体験したのと同じようにAFS留学生として、1年間のホームステイをいま、まさにフランスで経験している。なんと楽しそうで、豊かで、充実した日々送っていることか。異国でのさまざまなチャレンジを、三慧を駆使して乗り越え、自分を支援してくれるすべての人々への感謝を表現しながら、たくさんの友情や信頼を育んでいる。そしてフランスでの日本や東京への興味関心の強さを、自らの力に変えて、人を楽しませ、喜びを与えている。彼の冒険からどれだけ私が感化されているか、彼が帰国した時にきちんと伝えたい。

「ありがとう（It's a miracle)」

2025年3月

高津　尚志

引用参考文献一覧（順不同）

■プロローグ

・IMD World Competitiveness Center
https://www.imd.org/centers/wcc/world-competitiveness-center/rankings/world-competitiveness-ranking/（２０２５年１月23日確認）

・２０２２年版１００年企業〈世界編〉「世界の長寿企業ランキング。創業１００年企業、日本企業が50%を占める」（日経ＢＰコンサルティング・周年事業ラボ調べ）
https://consult.nikkeibp.co.jp/shunenjigyo-labo/survey_data/I1-06/（２０２５年１月23日確認）
「野村総合研究所 未来創発センター 研究レポート」Vol.12（２０２４年２月）中島済「課題認識はすでに十分 日本の競争力復活に向けて試されるリーダーの実行力」

■第１講

・『新訳 弓と禅』オイゲン・ヘリゲル著、魚住孝至訳（角川ソフィア文庫、２０１５年）
・『【新訳】禅マインド ビギナーズ・マインド』鈴木俊隆著、藤田一照訳（ＰＨＰ研究所、２０２２年）
・妙心寺退蔵院ウェブサイト http://www.taizoin.com/
・大澤山龍雲寺（臨済宗 妙心寺派）ウェブサイト https://ryuun-ji.or.jp/
・楽天グループ株式会社プレスリリース「従業員の整った業務環境づくりを支援する社内向けプログラム『Cleaning and Tidying Up with KonMari®』を開始」（２０２１年４月２日発表） https://prtimes.jp/main/html/rd/p/000001431.000005889.html（２０２５年１月23日確認）

・『凡事徹底』鍵山秀三郎著（致知出版社、１９９４年）

■第２講

・池坊ウェブサイト「いけばなの歴史」 https://www.ikenobo.jp/ikebanaikenobo/history/
・IKENOBO “History of Ikebana” https://www.ikenobo.jp/english/about/history.html
・Mayuka Yamazaki “The Japanese art of flower arrangement can change the way we do business,” I by IMD, 13 October 2023
https://www.imd.org/ibyimd/team-building/the-japanese-art-of-flower-arrangement-can-change-the-way-we-do-business/（２０２５年１月23日確認）
・『Ambitions』「ＩＭＤ北東アジア代表・高津尚志氏がリーダーたちに伝えたい、本物のポジティビティとは」（２０２４年４月25日掲載）
https://ambitions-web.com/articles/imd（２０２５年１月23日確認）

■第３講

・『武産合気――合気道開祖・植芝盛平先生口述』髙橋英雄編著（白光真宏会出版本部、１９８６年）
・合気道八千代円明会ウェブサイト https://aiki10.com/4kiso109.html
・佐々木合気道研究所～合気道を科学する～ウェブサイト https://sasaki-aiki.com/article2_70.php
・鶴屋吉信ウェブサイト https://www.tsuruyayoshinobu.jp/
・亀屋良長ウェブサイト https://kameya-yoshinaga.com/
・緑寿庵清水ウェブサイト https://www.konpeito.co.jp/
・三陸フィッシュペーストウェブサイト https://sfp-ok.com/

■第4講

- 国税庁課税部酒税課「酒のしおり」（令和6年6月） https://www.nta.go.jp/taxes/sake/shiori-gaikyo/shiori/2024/pdf/0001.pdf
- 日本酒造組合中央会 統計・関連情報 https://japansake.or.jp/sake/sake-statistics-data/
- NHK高知 NEWS WEB「温暖化で酒米の質にも影響 県 高温も安心の品種開発進める」（2024年12月5日更新） https://www3.nhk.or.jp/lnews/kochi/20241205/8010022254.html（2025年1月23日確認）
- 市原歴史博物館「学芸員ノート008墨書にみる食文化（1）『酒』【考古】高橋康男」（2022年4月18日更新） https://www.imuseum.jp/siryo_chosa_kenkyu/kenkyu/note/520.html（2025年1月23日確認）
- 株式会社齋彌酒造店 https://www.yukinobosha.jp/
- 今西酒造株式会社ウェブサイト「酒と三輪の歴史」 https://imanishisyuzou.com/history/
- 三輪明神大神神社ウェブサイト https://oomiwa.or.jp/jinja/goyuisho/#linktop
- 竹鶴酒造株式会社ウェブサイト https://www.taketsuru-shuzou.co.jp/
- 剣菱酒造株式会社ウェブサイト https://www.kenbishi.co.jp/
- 農口尚彦研究所ウェブサイト https://noguchi-naohiko.co.jp/
- 今田酒造本店ウェブサイト https://fukucho.jp/
- 木下酒造有限会社ウェブサイト https://www.sake-tamagawa.com/
- 旭酒造株式会社ウェブサイト https://www.asahishuzo.ne.jp/
- DASSAI USA ウェブサイト https://dassai.com/

■リフレクション

- IMD World Competitiveness Center（前掲）
- Musubi Academy ウェブサイト https://www.musubi.academy/
- 『スローフード宣言――食べることは生きること』アリス・ウォータース、ボブ・キャロウ、クリスティーナ・ミューラー著、小野寺愛訳（海士の風、2022年）
- 映画「食べることは生きること～アリス・ウォータースのおいしい革命～」予告編 https://youtu.be/u29K0phqxm4?t=49（2025年1月23日確認）
- The Edible Schoolyard Project ウェブサイト https://edibleschoolyard.org/

■エピローグ

- ウリケ・シェーデに関する記述は次の動画から引用し編集を加えた。「知日派の米国大経営学者が読み解く『日本の強み』」PIVOT公式チャンネル（2023年4月5日公開） https://www.youtube.com/watch?v=CsNl7P8OZFQ（2025年1月23日確認）
- 『再興 THE KAISHA 日本のビジネス・リインベンション』ウリケ・シェーデ著、渡部典子訳（日本経済新聞出版、2022年）
- 『シン・日本の経営 悲観バイアスを排す』ウリケ・シェーデ著、渡部典子訳（日経プレミアシリーズ、2024年）
- 『経営戦略としての異文化適応力――ホフステードの6次元モデル実践的活用法』宮森千嘉子、宮林隆吉（日本能率協会マネジメントセンター、2019年）
- 外務省ノルウェー王国基礎データ https://www.mofa.go.jp/mofaj/area/norway/data.html
- Simon Crerar '16 Maps Of Tokyo That'll Make Your City Seem Insignificant,' BuzzFeed, Posted on Jan 18, 2016 https://www.buzzfeed.com/simoncrerar/tokyo-is-a-mega-city（2025年1月23日確認）

講師紹介

第 1 講　講師

松山大耕　Daiko Matsuyama

妙心寺退蔵院副住職

1978 年京都市生まれ。東京大学大学院農学生命科学研究科を修了。埼玉県新座市・平林寺にて 3 年半の修行生活を送った後、2007 年より京都・妙心寺・退蔵院の副住職に就任。2011 年には日本の禅宗を代表して前ローマ教皇に謁見、2014 年には日本の若手宗教家を代表してダライ・ラマ 14 世と会談した。世界経済フォーラム年次総会（ダボス会議）出席や、スタンフォード大学での講演など、世界各国で宗教の垣根を超えて活動する。

第 2 講　講師

山崎繭加　Mayuka Yamazaki

華道家・IKERU 主宰

東京大学経済学部、ジョージタウン大学国際関係大学院修士課程修了。マッキンゼー・アンド・カンパニー、東京大学、ハーバード・ビジネス・スクールを経て、2017 年に華道家として独立。「いけばなの叡智をビジネスにつなげ共に探究する」IKERU を創設・主宰し、個人向けレッスンや組織向けワークショップなどを展開。DIAMOND ハーバード・ビジネス・レビュー特任編集委員や良品計画など上場企業の社外取締役も務める。2020 年より軽井沢在住。

第 3 講　講師

須貝圭絵　Yoshie Sugai

稔心流武道智誠館 館長

1996 年から国内外で合気道を習い始める。2003 年、師匠となる杵淵暢師範と出会う。2013 年、同師範がつくった魚沼流合気道（2020 年に稔心流武道と改名）の京都道場師範となる。2021 年に智誠館道場を立ち上げ館長となる。武道哲学をビジネス戦略や日常生活に活かす方法を、武道の技を通して教える独自ワークショップ「Biz 道」を大手企業のエグゼクティブ対象に提供している。

第 4 講　講師

セバスチャン・ルモアンヌ　Sebastien Lemoine

唎酒師・（株）Passerelle 代表

フランス、ノルマンディー地方出身。HEC ビジネススクール学生として 1987 年に初来日した際、日本人とその文化に触れることで驚きと感動の一瞬一瞬に心を奪われた。家族旅行や出張で行き来を繰り返した後、2008 年に東京に拠点を置いた。2013 年、金融アナリストとしての経歴に終止符を打ち、長年続けてきた趣味の 1 つである日本酒の研究と正式な研修を受けるために自己投資を始めた。唎酒師、日本酒コンサルタントとして日本酒の新しい楽しみ方を提案するほか、外国人観光客に日本酒の魅力を伝えている。

高津尚志　Naoshi Takatsu

IMD　北東アジア代表

早稲田大学、INSEAD（MBA）、桑沢デザイン研究所、IMD などで学ぶ。日本興業銀行、ボストン コンサルティング グループ、リクルートを経て現職。スイス・IMD ビジネススクールの日本における代表として、主に日本企業のグローバル経営幹部育成の支援に従事する。日本の競争力向上に向けた産官学の対話促進の活動にも取り組み、日本の伝統文化の世界のリーダー教育への活用や日欧間の芸術・文化交流にもかかわる。カナダとフランスに留学したほか、世界数十カ国を訪問する一方、「日本再発見塾」実行委員も務め、日本の地域文化にも親しむ。大学院大学至善館理事。東京在住。著書に『なぜ、日本企業は「グローバル化」でつまずくのか』『ふたたび世界で勝つために』（共著、いずれも日本経済新聞出版）など。

写真協力

大本山妙心寺退蔵院　P67
阿部稔哉　P38、P51、P79、P93、P101、P157、P199、P281

世界の経営幹部はなぜ日本に感化されるのか

2025年4月24日　1版1刷
2025年6月17日　　　2刷

著　者	高津 尚志　©Naoshi Takatsu, 2025
発行者	中川ヒロミ
発　行	株式会社日経BP 日本経済新聞出版
発　売	株式会社日経BPマーケティング 〒105-8308　東京都港区虎ノ門4-3-12
装　丁	川添英昭（KAWAZOE DESIGN）
本文デザイン	株式会社アンパサンドワークス
組　版	株式会社キャップス
印刷・製本	三松堂株式会社

ISBN978-4-296-11928-8

本書籍に関するお問い合わせ、乱丁・落丁などのご連絡は下記にて承ります。
https://nkbp.jp/booksQA
Printed in Japan